A NOVA REGRA DO JOGO

Mídias digitais,
política e democracia

A NOVA REGRA DO JOGO

Mídias digitais, política e democracia

ARTHUR ITUASSU

FGV EDITORA

Direitos desta edição reservados à
FGV EDITORA
Rua Jornalista Orlando Dantas, 9
22231-010 | Rio de Janeiro, RJ | Brasil
Tel.: 21-3799-4427
editora@fgv.br | www.editora.fgv.br

Impresso no Brasil | *Printed in Brazil*

1ª edição: 2025

Preparação de originais: Ronald Polito
Projeto gráfico de miolo e diagramação: Ilustrarte Design
Revisão: Michele Mitie Sudoh
Capa: Tome Design

Dados Internacionais de Catalogação na Publicação (CIP)
Ficha catalográfica elaborada pela
Biblioteca Mario Henrique Simonsen/FGV

Ituassu, Arthur.
A nova regra do jogo : mídias digitais, política e democracia / Arthur Ituassu. - Rio de Janeiro : FGV Editora, 2025.
104 p.

Inclui bibliografia.
ISBN: 978-65-5652-430-6

1. Mídia digital – Aspectos políticos. 2. Comunicação na política. 3. Comunicação de massa – Aspectos políticos. I. Fundação Getulio Vargas. II. Título.

CDD – 302.23

Elaborada por Márcia Nunes Bacha – CRB-7/4403

SUMÁRIO

INTRODUÇÃO

A QUE PONTO CHEGAMOS

Pablo Marçal foi um dos personagens mais marcantes das eleições municipais de 2024. Candidato à Prefeitura de São Paulo pelo Partido Renovador Trabalhista Brasileiro (PRTB), Marçal fez uma campanha agressiva e centrada nas mídias digitais. *Influencer*, *coach*, empresário, nascido em 1987, Marçal ganhou notoriedade vendendo cursos de desenvolvimento pessoal. Foi condenado, em 2010, por furto qualificado pela Justiça Federal. Em 2022, promoveu uma expedição ao Pico dos Marins, na serra da Mantiqueira, levando 32 pessoas, e o grupo acabou tendo que ser resgatado pelo Corpo de Bombeiros. No mesmo ano, foi candidato a deputado federal por São Paulo. Obteve 243 mil votos, mas foi impugnado pelo Tribunal Superior Eleitoral (TSE) devido a irregularidades na formalização da candidatura.

Nas eleições municipais de 2024, Marçal fez uma campanha bastante agressiva com seus adversários. Acusou José Luiz Datena, do Partido da Social Democracia Brasileira (PSDB), de assédio sexual e o chamou várias vezes de "arregão", em referência às desistências de Datena em pleitos passados. Durante o debate da TV Cultura, o candidato do PSDB se descontrolou com os ataques e arremessou uma cadeira contra Marçal, que divulgou, às vésperas do primeiro turno, um laudo falso contra Guilherme Boulos, do Partido Socialismo e Liberdade (PSOL). O documento, desmentido rapidamente, indicava que Boulos havia sido internado, em 2021, apresentando um "quadro de surto psicótico grave" decorrente do uso de cocaína.

O suposto laudo continha erros, como o número de RG de Boulos com um dígito a mais, o nome da clínica escrito incorretamente e erros gramaticais no texto. A assinatura no laudo, atribuída ao médico José Roberto de Souza, foi considerada falsa por perícias da Polícia Civil e da Polícia Federal. Além disso, o médico em questão faleceu em 2022 e nunca trabalhou na clínica mencionada.

Durante o programa de entrevista *Roda Viva*, Pablo Marçal justificou seu comportamento durante a campanha utilizando a ideia de "economia da atenção". No ambiente digital, a disputa pela atenção é enorme, bem maior que em tempos anteriores. Com isso, discursos moderados, comuns, tendem a ganhar menos atenção que aqueles mais radicais, agressivos, diferentes, fora do senso comum. A disputa pela atenção é tão grande que é preciso trabalhar na anormalidade para se ter sucesso. Marçal justificou assim sua agressividade, como uma estratégia para ganhar visibilidade nas mídias sociais.[1]

---

[1] Em geral, as expressões mídias sociais e redes sociais são utilizadas como sinônimos, referindo-se a plataformas como o Facebook, o Instagram, o X, o LinkedIn, o YouTube etc. Acadêmicos tendem a pre-

Tendo em mente essa "economia da atenção", Marçal montou uma campanha digital baseada em recompensas financeiras para produção eficiente de conteúdo. Utilizou o aplicativo Discord para organização da campanha e as mídias sociais, especialmente TikTok, Instagram e YouTube, para disseminação das mensagens. Fazia competições de cortes, pequenos vídeos a seu favor, e foi acusado de remunerar quem produzia aqueles que geravam mais engajamento, uma prática ilegal de campanha.

Só no TikTok, Pablo Marçal alcançou 17 milhões de interações entre janeiro e setembro de 2024. No Instagram, Marçal tinha 13 milhões de seguidores às vésperas do pleito. Entre agosto e setembro, recebeu mais de 30 mil seguidores por dia. A campanha publicou, em apenas um mês, 600 postagens somente no Instagram, uma média de 20 por dia. Ao todo, durante a campanha, foram 20 mil postagens no TikTok, mais de 6 mil no Instagram e mais de 3 mil no YouTube.[2]

Além da agressividade e do esquema ilegal de recompensas financeiras, Marçal também atacou as instituições. Em 2 de outubro, quatro dias antes da eleição e depois de um comício em São Paulo, Marçal fez uma postagem no Instagram que trazia a seguinte mensagem: "Se não ganhar

---

ferir o termo "mídias sociais", de modo a ter presente a mídia, objeto prioritário da comunicação. O termo "mídias digitais" é mais amplo, englobando aplicativos, dados, mídias sociais, inteligência artificial, *wikis*, mecanismos de busca etc.

2 ALVES, M. et al. *Aliciamento digital*: como funciona a indústria de cortes, a distribuição, as premiações e o recrutamento de um exército online atraído por promessas de ganhos financeiros às vésperas das eleições. Instituto Democracia em Xeque, 2024.

é rolo". A postagem questionava a lisura do sistema eleitoral e foi retirada do ar por ordem da Justiça.[3] Pablo Marçal, com isso, se assemelha a outros personagens da política atual que constroem seu capital político no ambiente digital e alcançam meteórica proeminência com radicalismo, graus variados de desinformação e questionamentos às instituições tradicionais da democracia.

Jair Bolsonaro, eleito presidente da República, em 2018, pelo Partido Social Liberal (PSL), é outro exemplo desse tipo de político. Na política desde 1991 como deputado federal pelo estado do Rio de Janeiro, Bolsonaro sempre foi uma figura isolada, caricatural e controversa, conhecida por referências nostálgicas à ditadura e por declarações inflamadas de cunho racista, misógino e homofóbico. Quando foi eleito presidente, em 2018, o Brasil tinha 110 milhões de pessoas acessando a internet, o terceiro maior grupo de usuários do Facebook no mundo e o sexto no Twitter.[4] Em janeiro de 2018, o WhatsApp estava instalado em 96% dos smartphones brasileiros[5] e o aplicativo contava com aproximadamente 120 milhões de usuários no Brasil, o segundo maior mercado mundial, atrás apenas da Índia.[6]

---

3 Disponível em: www.metropoles.com/sao-paulo/justica-manda-apagar-video-marcal-rolo?utm_source=chatgpt.com.

4 RUEDIGER, M. A.; GRASSI, A. Redes sociais nas eleições 2018. *Policy Paper*, Fundação Getulio Vargas, Diretoria de Análise de Políticas Públicas, 2018.

5 Disponível em: www.tecmundo.com.br/software/150647-whatsapp-99-celulares-brasil-diz-pesquisa.htm?utm_source=chatgpt.com.

6 Disponível em: www.tudocelular.com/mercado/noticias/n216155/80-dos-brasileiros-acessam-o-whatsapp-diariamente.html?utm_source=chatgpt.com.

Bolsonaro vinha investindo nas mídias sociais pelo menos desde 2010. Um levantamento em 2014 já o mostrava muito na frente de seus colegas do Rio de Janeiro no Congresso Nacional.[7] Em 2018, estava bem à frente de qualquer um dos adversários na disputa presidencial. Bolsonaro chegou ao pleito com quase 8 milhões de seguidores nas mídias sociais, especialmente Facebook e YouTube. Marina Silva, candidata da rede, tinha 4,2 milhões. Lula tinha 3,6 milhões e Alckmin, perto de 2 milhões de seguidores.[8]

Pela primeira vez, desde 1989, o candidato vitorioso no primeiro turno teve um tempo mínimo de televisão. Jair Bolsonaro obteve oito segundos por bloco de propaganda diária no Horário Gratuito de Propaganda Eleitoral (HGPE) e 46% dos votos, algo impressionante para a história das campanhas eleitorais no Brasil. Para se ter uma ideia do feito, Geraldo Alckmin, que tinha a maior coalizão, teve mais de 12 minutos no HGPE e recebeu pouco mais de 5% dos votos no primeiro turno. Além disso, a campanha Bolsonaro foi extremamente barata. Utilizou apenas 0,52% de todos os recursos públicos alocados para o pleito — 51% estavam nas mãos de quatro partidos tradicionais (Movimento Democrático Brasileiro — MDB, Partido dos Trabalhadores — PT, PSDB e Progressistas — PP).

---

7 MURTA, F. et al. Eleições e mídias sociais: interação e participação no Facebook durante a campanha para a Câmara dos Deputados em 2014. *Revista Compolítica*, v. 7, n. 1, 2017. DOI: https://doi.org/10.21878/compolitica.2017.7.1.275.

8 ITUASSU, A. et al. *The digital radical right in Latin America*: Bolsonaro, Bukele, Kast, Hernández, and Milei. Rio de Janeiro: PUC-Rio; University of Arizona, Center for Latin American Studies, 2025.

Como candidato, Bolsonaro realizava transmissões ao vivo semanais no Facebook, todas as quintas-feiras, alcançando milhões de espectadores. Além disso, o WhatsApp foi essencial para a vitória de Bolsonaro em 2018. O aplicativo adquiriu uma dimensão inédita no país devido à disseminação de mensagens, incluindo *fake news* e desinformação,[9] que circulavam de grupos de apoiadores de Bolsonaro para outros não originalmente políticos, como grupos de familiares, vizinhos ou colegas de trabalho.

Uma pesquisa avaliou 760 mil mensagens postadas nesses grupos de apoiadores de Bolsonaro. Como resultado, apontou para o que os especialistas chamam de *astroturfing*, quando há participação de profissionais da campanha simulando comportamento espontâneo.[10] Essas mesmas postagens nos grupos muitas vezes traziam *links* para o YouTube ou Facebook, integrando o WhatsApp à estratégia de campanha nas mídias sociais.[11]

Notícias falsas e desinformação foram amplamente disseminadas em 2018. Houve ataques às urnas eletrônicas e boatos sobre supostas ligações entre a candidata a

---

[9] Este livro entende o fenômeno da desinformação como uma tentativa de adquirir capital político por meio de mensagens falsas ou distorcidas, e as *fake news*, termo mais comum anteriormente, como um tipo de desinformação no formato jornalístico. Como não se trata de um livro acadêmico sobre esse tema em específico, este livro se dá a liberdade de utilizar os termos como sinônimos por questões de estilo.

[10] CHAGAS, V. WhatsApp and digital astroturfing: a social network analysis of Brazilian political discussion groups of Bolsonaro supporters. *International Journal of Communication*, v. 16, p. 2.431-2.455, 2022.

[11] PIAIA, V.; ALVES, M. Abrindo a caixa preta: Análise exploratória da rede bolsonarista no WhatsApp. *Intercom*, v. 43, n. 3, p. 135-154, 2020. DOI:10.1590/1809-5844202037.

vice-presidente Manuela D'Ávila, do Partido Comunista do Brasil (PCdoB), para Adélio Bispo de Oliveira, que esfaqueou Jair Bolsonaro na cidade de Juiz de Fora durante a campanha. Outras notícias falsas notórias foram a suposta apologia ao incesto em um dos livros de Haddad e a alegação de que um grande veículo de imprensa teria recebido 600 milhões de reais para atacar Bolsonaro. Também houve o rumor de que o grupo no Facebook "Mulheres Contra Bolsonaro" teria comprado mais de um milhão de seguidores para a sua página. Outra *fake news* amplamente disseminada foi o chamado "kit gay". A campanha de Bolsonaro e seus seguidores acusaram falsamente a gestão de Haddad no Ministério da Educação (2005-2012) de distribuir uma publicação pró-LGBT nas escolas públicas brasileiras. Bolsonaro explorou essa alegação durante sua entrevista ao *Jornal Nacional*.[12]

Durante a campanha à reeleição em 2022, agora no Partido Liberal (PL), Bolsonaro expandiu sua influência digital e a desinformação tornou-se mais radicalizada. Alegações de fraude eleitoral e teorias da conspiração sobre as urnas eletrônicas tensionaram as normas democráticas.

Ao longo de sua Presidência (2019-2022), Bolsonaro atacou frequentemente as instituições políticas e seus opositores, caracterizando-os como corruptos e ilegítimos. Lançou repetidamente dúvidas sobre a lisura da eleição, chegando a reunir dezenas de diplomatas estrangeiros para

---

12 ITUASSU, A. et al. Comunicación política, elecciones y democracia: las campañas de Donald Trump y Jair Bolsonaro. *Perspectivas de la Comunicación*, v. 12, n. 2, p. 11-37, 2019. DOI: https://doi.org/10.4067/S0718-48672019000200011.

uma apresentação na qual alegou, sem apresentar provas, que a eleição estava sendo manipulada contra ele. Após os ataques de 8 de janeiro, organizados nas plataformas digitais, a Polícia Federal apresentou provas documentadas ao Supremo Tribunal Federal (STF) indicando que Bolsonaro esteve diretamente envolvido na articulação de um golpe para modificar o resultado da eleição de 2022. Os investigadores também sugeriram que Bolsonaro tinha pleno conhecimento de um plano para assassinar o presidente Lula, seu vice, Geraldo Alckmin, e o ministro do STF Alexandre de Moraes, com base em conversas interceptadas entre conspiradores e reuniões realizadas no Palácio do Planalto.

Além de Marçal e Bolsonaro, esse tipo de político também surgiu com força no cenário latino-americano. Em 2019, Nayib Bukele, em El Salvador, foi eleito presidente após uma rápida trajetória política impulsionada pelas mídias sociais. Com sua vitória, Bukele rompeu 30 anos de hegemonia dos partidos tradicionais Alianza Republicana Nacionalista (Arena) e Frente Farabundo Martí para la Liberación Nacional (FMLN), que dominaram o cenário político em El Salvador desde o fim da Guerra Civil, em 1992.

Nascido em 1981, o "presidente milênio", como Bukele é conhecido, iniciou sua carreira política como prefeito de Nuevo Cuscatlán em 2012 e, posteriormente, governou a capital, San Salvador. Em 2019, tornou-se presidente.

Em fevereiro de 2020, durante sua Presidência, Bukele invadiu o Parlamento salvadorenho com tropas armadas, ameaçando os congressistas a aprovar os recursos que necessitava para implementar seu plano de segurança para o país. Com a aprovação, uma prisão para 40 mil detentos foi construída e teve início um processo geral de encarceramento, criticado por não levar em conta as garantias legais dos presos. Hoje, El Salvador tem a maior taxa de encarceramento do mundo.[13]

Nas eleições legislativas de 2021, Bukele garantiu maioria no Parlamento e, com isso, substituiu vários juízes, inclusive da Suprema Corte, por partidários, garantindo o andamento do seu plano de segurança. Além disso, um dos primeiros atos do novo Congresso foi aprovar a possibilidade de reeleição para o presidente, antes não permitida. Nas eleições de 2024, Bukele já havia consolidado seu controle sobre o Estado salvadorenho e garantiu, com facilidade, a sua reeleição. O seu partido, Nuevas Ideas, passou a dominar os poderes Executivo, Legislativo e Judiciário.

No Chile, José Antonio Kast perdeu o segundo turno para Gabriel Boric, mas chegou a ser o candidato com o maior número de votos no primeiro turno das eleições presidenciais de 2021. Cinco anos antes, ele rompera com a Unión Demócrata Independiente (UDI), ligada ao pinochetismo chileno. A UDI apoiara o movimento de Sebástián Piñera e o seu Renovación Nacional, de direita, mas mais moderado, de se aproximar do centro político. Os partidos fizeram isso tentando vencer as presidenciais chilenas, o que aconteceu nas eleições de 2009 e 2017.

À direita da direita, Kast criou seu próprio partido, o Partido Republicano, e investiu fortemente nas mídias digitais.

---

13 STATISTA. *Countries with the largest number of prisoners per 100,000 of the national population, as of February 2025*. Disponível online em: fev. 2025.

Ele é considerado um político de extrema-direita, que defende a lei e a ordem de forma rígida, enaltecendo o antigo regime militar. Promove o liberalismo na economia, mas é contra métodos de interrupção da gravidez, o casamento entre pessoas do mesmo sexo, o divórcio, o controle da natalidade, a eutanásia e defende métodos rígidos de combate à imigração. Ele chegou à eleição de 2021 marcando presença no Twitter, Facebook, Instagram e TikTok. Somente nesta última plataforma, publicou 85 vídeos durante a campanha, alcançando mais de 7,5 milhões de interações, uma média de 90 mil interações por vídeo.[14]

Na Colômbia, o empresário Rodolfo Hernández decidiu, em 2013, criar um perfil no Facebook para falar mal dos políticos e atacar a corrupção. Em 2016, foi eleito prefeito de Bucaramanga, uma das maiores cidades colombianas. Em 2022, com uma campanha inteiramente feita nas mídias sociais, o "velhinho do TikTok", como ficou conhecido, chegou ao segundo turno da eleição presidencial, desbancando Fico Gutiérrez, candidato do ex-presidente Álvaro Uribe (2002-2010), que havia escolhido seus sucessores em 2010 (Juan Manuel Santos) e 2018 (Iván Duque).

Na Argentina, Javier Milei venceu as eleições presidenciais de 2023 com um discurso fortemente radicalizado, apenas dois anos depois de ocupar, pela primeira vez, o cargo de deputado federal. Originado de programas de televisão segmentados, o rápido e estrondoso sucesso eleitoral de Milei foi fortemente relacionado às mídias digitais, especialmente ao TikTok e seu eleitorado jovem.

---

14 Dados coletados do TikTok.

De fato, entre 2018 e 2024, Bolsonaro, Bukele, Kast, Hernández, Milei e Marçal alcançaram meteórica proeminência política com um discurso radical e antissistema. Cada um a seu modo, são todos políticos com trajetórias estreitamente relacionadas com as mídias digitais. Todos alcançaram sucesso eleitoral com propostas de romper com as estruturas políticas estabelecidas, representando plataformas frequentemente consideradas extremadas. Na verdade, para uma série de pesquisadores, esse ciclo começa em 2016, com a primeira eleição de Donald Trump, nos Estados Unidos, e o plebiscito que decidiu pela saída da Grã-Bretanha da União Europeia, o Brexit.

Em 2016, aparecem novos elementos como a ciência de dados, os robôs, a desinformação e a segmentação. As mídias sociais passam a ser apenas mais um dos elementos da campanha na internet e o termo Web 2.0 se torna defasado. Em 2012, Obama gastou US$ 10 milhões (30%) a mais que o candidato republicano Mitt Romney em mídias digitais (US$ 43,2 milhões contra US$ 33,7 milhões). Em 2016, a campanha Trump gastou 400% a mais em mídias digitais que a campanha democrata de Hillary Clinton (US$ 83 milhões contra US$ 20 milhões) e 200% a mais que Obama em 2012. Em 2012, os dois candidatos gastaram quase US$ 500 milhões em mídia tradicional. Em 2016, Trump e Clinton gastaram somente US$ 326 milhões, aproximadamente 1/3 a menos.[15]

Com isso, o ano de 2016 deu novo impulso aos estudos sobre mídias digitais e democracia. Este livro segue essa

---

15 WILLIAMS, C. B.; GULATI, G. J. Digital advertising expenditures in the 2016 presidential election. *Social Science Computer Review*, v. 36, n. 4, p. 406-421, 2018. DOI: https://doi.org/10.1177/0894439317726751.

tendência, tentando mostrar como as mídias digitais transformaram as regras do jogo democrático, trazendo novos desafios para a regulação, o debate público e as instituições. Esse processo não é exclusivo do Brasil, mas insere o país em uma dinâmica global de mudanças estruturais no ecossistema midiático e político. Em suma, este livro pretende tratar, a partir daqui, das transformações ocorridas no ambiente midiático e de suas consequências para a política e a democracia, no Brasil e no mundo.

Esse percurso é dividido em três capítulos e a Conclusão. Os dois primeiros giram em torno da ideia de "sistema de mídia". Um sistema de mídia se refere ao conjunto de instituições, práticas e atores que formam a mídia em uma sociedade. Esses sistemas funcionam como uma espécie de estrutura material e cultural que organiza como as informações chegam até nós. Impactam, por exemplo, como entendemos uma eleição, como interpretamos o que os políticos dizem ou como percebemos o desempenho do governo.

Analisar sistemas de mídia significa olhar para o todo, levar em conta o contexto histórico, as normas culturais e a estrutura social na qual a comunicação se desenvolve em relação estreita com a tecnologia. Esse conjunto de fatores — quem controla os meios, como eles funcionam, quem os utiliza e como eles são utilizados — é o que chamamos de sistema de mídia, e a configuração do sistema midiático, com suas tecnologias e lógicas próprias, traz consequências ao desenvolvimento da política e da democracia. Um contexto no qual a intervenção estatal é mais forte no ambiente midiático, por exemplo, produz um ambiente informacional diferente de onde essa prática é mais fraca.

Assim, no primeiro capítulo, este livro faz uma volta ao passado, ao sistema de mídia pré-internet, chamado de "sistema moderno de mídia". A ideia é que, para se entender uma transformação, é preciso conhecer o que havia antes. Em seguida, trataremos da mudança, da chegada da internet e de seus impactos no ambiente midiático. O terceiro capítulo apresenta consequências mais claras do novo sistema para a política e a democracia, especialmente no Brasil. Ao fim, com a conclusão, a esperança é a de contribuir para o debate público, as práticas institucionais e os processos regulatórios envolvendo as mídias digitais e a política no país.

1.

O ANTES

Em 14 de dezembro de 1989, Luiz Inácio Lula da Silva, do PT, e Fernando Collor, candidato do Partido da Reconstrução Nacional (PRN), fizeram o último debate do segundo turno da eleição presidencial daquele ano, a primeira disputa ao Planalto após a redemocratização. Três dias antes da votação, o debate foi transmitido ao vivo e na íntegra pelas quatro principais emissoras de televisão: Globo, Bandeirantes, Manchete e SBT.

No dia seguinte ao debate, duas matérias foram transmitidas pela Globo. Uma no início da tarde, no *Jornal Hoje*, e outra à noite, no *Jornal Nacional*. A decisão editorial da tarde foi dar o mesmo tempo de fala para os dois candidatos, independentemente da atuação de cada um. A da noite, não. Definindo como critério editorial que Collor havia se saído melhor que Lula no debate, a matéria do JN deu um minuto e meio a mais para o candidato do PRN, e uma edição amplamente favorável a ele. Naquela época, o JN alcançava entre 70 e 80 pontos de audiência, o que significa dizer que, em uma dada região, entre 70% e 80% dos televisores estavam ligados no telejornal — esses índices baixaram para entre 40 e 50 pontos com a virada do século.[16]

A decisão editorial do *Jornal Nacional* sobre o debate Collor × Lula foi discutida internamente entre um noticiário e outro, com a participação da família Marinho, proprietária da emissora. A edição do *Jornal Hoje* respeitara a tradição de dar o mesmo tempo de edição para cada candidato e um equilíbrio discursivo. No entanto, várias vozes se levantaram para criticar essa versão, dizendo que ela não refletia o que tinha acontecido no debate. Essa posição prevaleceu e a edição do JN foi modificada, com uma versão muito positiva a Fernando Collor.

O fato causou uma enorme repercussão nos setores de esquerda, acadêmicos e intelectuais, e inaugurou os estudos de comunicação política no Brasil democrático. Em 2015, a Globo tornou transparente o ocorrido e, hoje, essa história é contada pela própria empresa, com depoimentos em vídeo dos jornalistas envolvidos, disponíveis na internet.[17]

---

16 O *Jornal Nacional* registrou picos históricos próximos a 80 pontos (*v.g.*, a edição de 21/10/1993, com a entrevista de PC Farias, marcou 80 pontos no Ibope). Nas décadas anteriores, o telejornal exibia patamares muito elevados — em 1970, por exemplo, há registro de 60% de *share* no Rio de Janeiro, com líderes frequentemente na casa de 60-70%. Já na virada do século, a média anual ficou na faixa dos 40 pontos (39,2 em 2000, Grande SP), caindo para 30 pontos na década seguinte. Sobre isso, ver: https://observatoriodatv.com.br/colunas/ricardo-feltrin/exclusivo-ha-10-anos-o-ibope-do-jn-parou-no-tempo?utm_source=-chatgpt.com. Acesso em: ago. 2025.

17 Disponível em: https://memoriaglobo.globo.com/erros/debate-collor-x-lula/noticia/debate-collor-x-lula.ghtml.

O evento se deu no auge do sistema moderno de mídia no Brasil. No fim dos anos 1980, os brasileiros tinham acesso à política pelos jornais, pelo rádio e pela televisão, onde o JN reinava supremo no horário nobre. No sistema moderno de mídia, o jornalismo político incorpora o "guardião do portão", o *gatekeeper*, decidindo sobre o que deve ou não ser levado ao público e como deve ser levado. Os controladores da mídia tinham um enorme poder de agendar e enquadrar, isto é, oferecer os temas políticos aos quais a sociedade daria mais importância, no primeiro caso, e as perspectivas pelas quais os mesmos temas deveriam ser interpretados, no segundo. Uma greve de servidores, por exemplo, podia ser noticiada com foco nos baixos salários daqueles que protestam ou nos grandes transtornos que causa a greve à população. São muitas as pesquisas que, já nos anos 1970, demonstravam correspondência entre os temas priorizados pelos cidadãos e os temas debatidos pela mídia, e, posteriormente, a influência também nas pessoas da forma como a mídia tratava os temas.[18]

Nesse momento, estamos no terreno dos estudos sobre os efeitos da mídia, típico do sistema moderno. Afinal,

---

18 Sobre isso, ver: MCCOMBS, M.; SHAW, D. The agenda-setting function of mass media. *Public Opinion Quarterly*, v. 36, n. 2, p. 176-187, 1972; MCCOMBS, M.; SHAW, D.; WEAVER, D. *Communication and democracy*: exploring the intellectual frontiers in agenda-setting theory. Mahwah: Lawrence Erlbaum, 1997; MCCOMBS, M. *Setting the agenda*: the mass media and public opinion. Cambridge: Polity Press, 2004; MCCOMBS, M. A look at agenda-setting: past, present and future. *Journalism Studies*, v. 6, n. 4, p. 543-557, 2005; SCHEUFELE, D. A.; TEWKSBURY, D. Framing, agenda setting, and priming: the evolution of three media effects models. *Journal of Communication*, v. 57, n. 1, p. 9-20, 2007.

uma das características desse sistema foi a noção prevalente de "comunicação de massa", limitada a um modelo de transmissão no qual poucos emissores, os nós centrais da rede, transmitem para um grande número de receptores. O modelo é representado de forma simplificada na figura 1, a seguir.

Figura 1
A configuração moderna de transmissão (*broadcasting*)

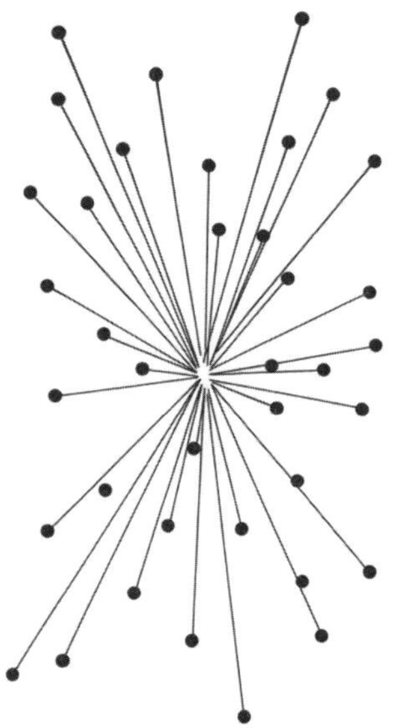

Fonte: Arquivos pessoais do autor.

A figura serve para representar, mesmo que de forma simplificada, como funcionavam as redes modernas e suas diferentes mídias (televisão, rádio, jornais). Nessa configuração, cada meio atua como um nó central capaz de emitir para uma massa de receptores uma mesma mensagem e no mesmo momento. Com a tecnologia da época, essa era a única lógica de rede presente no sistema, ao menos em larga escala, o que trouxe várias consequências para a política e a democracia no Brasil e no mundo, relacionadas com esse formato de comunicação.

Não é difícil perceber, por exemplo, o tamanho poder político que possui o nó central nesse tipo de rede. No sistema moderno, as redes de televisão, como a Rede Globo de Televisão, no Brasil, ou a Televisa, no México, obtiveram enorme capital político em função dos gigantescos índices de audiência que alcançavam nesses dois contextos nacionais.

Isso é o que os especialistas chamam de "a centralidade da televisão" no sistema moderno de mídia. Tal aspecto não se desenvolve sem consequências. A televisão favoreceu, por exemplo, uma série de novos parâmetros relativos à imagem e ao discurso dos políticos. A primeira vez que isso foi percebido, ao menos publicamente, foi no debate entre John F. Kennedy (Partido Democrata) e Richard Nixon (Partido Republicano), ocorrido em 26 de setembro de 1960. Este foi o primeiro debate presidencial televisionado da história dos Estados Unidos, um evento-chave para os estudos da relação entre mídia e política. O impacto da televisão foi decisivo na disputa e é frequentemente citado como um exemplo inicial da importância da imagem e da performance na política do sistema midiático moderno.

Na ocasião, John F. Kennedy, mais jovem e carismático, apareceu na TV com uma postura confiante, fala clara e aparência bem cuidada. Já Richard Nixon, que havia se recuperado recentemente de uma gripe e recusou o uso de maquiagem, apareceu pálido, suado e visivelmente desconfortável diante das câmeras. O interessante é que houve uma diferença significativa na percepção do público: aqueles que assistiram ao debate pela televisão tenderam a achar que Kennedy havia vencido, enquanto os que o ouviram pelo rádio, onde o debate também foi transmitido, consideraram Nixon vencedor. Esse contraste evidenciou o poder da televisão não apenas como um meio de transmissão, mas como um ator ativo na formação da opinião pública, influenciando a percepção dos eleitores. O episódio também revelou que a televisão não era um canal neutro, mas uma plataforma que transformava a política, alterando as formas de comunicação dos candidatos e a maneira como o público avaliava suas performances.[19]

Nesse novo contexto, ganha importância o profissional de comunicação política, aquele que gerencia a imagem e o discurso do político adaptando-os de modo a alcançar sucesso midiático e, assim, chegar positivamente a muitos eleitores. Entre 1989 e 2014, vemos, no Brasil, o desenvolvimento crescente das campanhas eleitorais midiáticas produzidas para a televisão, especialmente aquelas voltadas para os cargos majoritários mais importantes, crescentemente encarecendo o custo das campanhas. A campanha de Dilma Rousseff (PT) de 2010, por exemplo, gastou R$ 176 milhões, a de 2014, R$ 318 milhões.[20]

---

[19] DRUCKMAN, J. N. The power of television images: the first Kennedy-Nixon debate revisited. *The Journal of Politics*, v. 65, n. 2, p. 559-571, 2003. DOI: https://doi.org/10.1111/1468-2508.t01-1-00015.

[20] Dados obtidos no TSE.

A profissionalização do jornalismo político também é uma consequência diretamente relacionada ao sistema moderno de mídia. À medida que os meios de comunicação de massa se consolidaram como principais canais de informação política, surgiu a necessidade de repórteres especializados capazes de interpretar, mediar e traduzir os acontecimentos do mundo político. Esse processo resultou na criação de editorias específicas, na valorização de fontes institucionais e na formação de uma cultura jornalística mais técnica e orientada por rotinas profissionais, reforçando o papel dos jornalistas como intermediários entre a política e a sociedade. Assim, o jornalismo político se institucionalizou como um campo específico dentro das redações, alinhado às lógicas e demandas do sistema moderno de mídia, centrado na credibilidade, na objetividade e na mediação informativa.

Esse "éthos jornalístico" também está relacionado à materialidade do sistema moderno de mídia, *i.e.*, sua lógica e tecnologia. A neutralidade e objetividade, teoricamente sem posicionamento político explícito, são também uma forma de atingir o maior público possível com a mesma mensagem, tentando não descontentar alguém ou algum grupo com algum tipo de partidarismo mais exacerbado. Nesse momento, podemos ver uma tecnologia, a do *broadcasting*, relacionada com uma lógica comercial específica e uma cultura determinada de produção da informação.

Outro elemento que surge no sistema moderno é a ideia de "opinião pública". Afinal, saber, por meio das pesquisas de opinião, o que a maior parte do público pensa ou deseja se torna uma informação fundamental, que passa a influenciar a produção da mensagem, seja de uma rede de televisão ou mesmo de um político. Quanto mais a comunicação se adaptava ao que a maior parte das pessoas estava pensando ou desejando, maior a chance do político ou da rede de adquirir para si um bom público ou eleitorado.

Do lado do público, surgem então os "efeitos da mídia". Se a mesma mensagem é enviada para um grande número de pessoas, não era difícil abordar essas mesmas pessoas, posteriormente, por meio de entrevistas ou questionários, de modo a se perceber o nível de efeito da mensagem enviada. Além dos efeitos clássicos de agendar e enquadrar, que já foram levantados neste livro, os impactos da comunicação midiática sobre a cultura também passaram a ser foco de estudos de uma gama enorme de pesquisadores — os chamados "estudos culturais".

Outro debate significativo relativo ao sistema moderno de mídia (e que se transformará completamente com as mídias digitais) está relacionado com o problema da participação cidadã na política. Durante o auge da televisão como meio dominante, observou-se, nas grandes democracias ocidentais, uma queda consistente nas taxas de comparecimento às urnas. Países como Estados Unidos, França, Alemanha e Reino Unido registraram, entre os anos 1960 e 1990, níveis de abstenção eleitoral crescentes, em contextos de estabilidade institucional e expansão econômica. Esse fenômeno passou a ser interpretado por muitos estudiosos como um sinal de esvaziamento da cidadania ativa e de distanciamento entre eleitores e representantes.[21]

---

[21] Sobre isso, ver PATTERSON, T. E. *The vanishing voter*: public involve-

A lógica do sistema de *broadcasting*, com sua comunicação unidirecional e sua centralização nos grandes meios de comunicação, contribuía para esse afastamento. A política era apresentada como um espetáculo televisivo, distante do cotidiano dos cidadãos, que assistiam, mas raramente se envolviam diretamente. A metáfora do "cidadão no sofá" sintetiza bem essa configuração: o indivíduo informado, mas passivo, que consome política como quem consome novela ou qualquer outro tipo de programa.

Nesse contexto, ganhou força uma vertente teórica na ciência política e na teoria democrática que ficou conhecida como "participacionista". Inspirados por autores como Carole Pateman (*Participation and democratic theory*, de 1970) e Benjamin Barber (*Strong democracy*, de 1984), os teóricos participacionistas defendiam que a democracia deveria ir além do voto e envolver os cidadãos de forma mais constante e ativa. A democracia, para esses autores, só se realizaria plenamente quando há espaço para deliberação, envolvimento comunitário e participação direta. O voto seria apenas o mínimo, e não o máximo da cidadania.

O sistema moderno de mídia, ao mesmo tempo que dava amplo acesso à informação política, especialmente pela televisão e pelo rádio, impunha limites importantes à participação. A passividade midiática contrastava com os ideais de uma democracia participativa, criando um terreno fértil para as críticas ao modelo vigente e para os anseios por formas mais horizontais e interativas de en-

---

ment in an age of uncertainty. Nova York: Vintage, 2003.

gajamento, que só mais tarde, com o advento das mídias digitais, começariam a aparecer.

Mais um elemento central do sistema moderno de mídia é o da moderação. Diferentemente do ambiente digital contemporâneo, em que mensagens podem ser direcionadas a nichos e públicos específicos, o sistema de *broadcasting*, dominante no século XX, baseava-se, como já vimos, na lógica da comunicação de massa: uma mesma mensagem era transmitida simultaneamente para toda uma massa de receptores. Isso gerava um incentivo estrutural à moderação. Para alcançar a maior audiência possível, políticos e veículos de imprensa precisavam buscar o centro e evitar posições que pudessem alienar grandes segmentos do público.

As redes de televisão, especialmente nos Estados Unidos, tornaram-se verdadeiras *catch-all networks*, ou seja, redes que buscavam apelar ao maior número de pessoas possível, situando-se deliberadamente no centro do espectro político, como a CBS, ABC e a NBC. Esse padrão ilustra como, por muito tempo, o centro político foi o espaço mais seguro e desejável no sistema de mídia tradicional.

Esse apelo sempre à maior parte do público e ao centro está relacionado com uma lógica majoritária do sistema. É como se a comunicação e os políticos estivessem sempre em busca de uma maioria em torno de um centro. Com isso, as pesquisas de opinião, que forneciam dados sobre como a maioria estava pensando ou o que estava desejando, se tornariam um ativo precioso que de algum modo informaria o comportamento de comunicadores e candidatos.

Não à toa, é no sistema moderno de mídia que surgirão as demandas por representação de minorias. Ora, se a lógica do sistema privilegiava a maioria, minorias acabavam por ficar praticamente excluídas do ambiente público-midiático. Nesse momento, a ciência política se preocupou com a "tirania da maioria", quando os interesses da maior parte da população são percebidos como impostos de forma opressiva a grupos minoritários. Com a contribuição dos estudos culturais da comunicação, especialmente do acadêmico britânico Stuart Hall, a representação minoritária na mídia passa a ser percebida como uma questão existencial e muitos movimentos sociais vão pouco a pouco se organizar nesse sentido.[22]

Essa lógica, da maioria, também impactava diretamente a comunicação política. Os políticos sabiam que um deslize, uma declaração, considerada ofensiva ou extremada, poderia ser reproduzida em cadeia por jornais, rádios e redes de televisão, com consequências negativas amplas e pouca capacidade de reação. Como a mensagem era "uma para todos", era necessário calibrar cuidadosamente o discurso. A retórica política se tornava mais cautelosa, evitando riscos. O jornalismo político, por sua vez, adotava uma postura institucional, formal e muitas vezes conservadora, reforçando essa tendência à moderação. Não à toa, uma reclamação dos eleitores à época era o baixo grau de diferenciação dos partidos ou políticos tradicionais presentes nas grandes disputas. Afinal, se

---

[22] HALL, S. *Cultura e representação*. Organização e revisão técnica de Arthur Ituassu; tradução de Daniel Miranda e William Oliveira. Rio de Janeiro: Apicuri; Editora PUC-Rio, 2016.

todos buscavam o centro, as diferenças pouco a pouco se tornariam menores.

No Brasil, como também em toda a América Latina, o sistema moderno apresentou especificidades importantes que o diferenciava dos modelos clássicos do Norte global. Uma das formulações mais úteis para compreender essas particularidades é a ideia do "sistema liberal capturado", proposta pelo pesquisador mexicano Alejandro Guerrero. Segundo esse modelo, os sistemas de mídia latino-americanos operavam formalmente como estruturas privadas em democracias liberais, mas, na prática, eram fortemente dependentes do Estado, tanto em termos financeiros quanto regulatórios. A publicidade estatal e o controle sobre concessões funcionam como instrumentos centrais nessa relação, alimentando mercados de mídia altamente concentrados e organizados de forma clientelista.[23]

Na América Latina, essa simbiose entre mídia e poder foi, por vezes, afirmada de forma explícita. Um dos casos mais notórios é o do México. Emilio Azcárraga Milmo, presidente da Televisa, declarou, ainda nos anos 1980: "Somos soldados do PRI e do presidente". A frase tornou-se emblemática da relação próxima entre a maior emissora do país e o Partido Revolucionário Institucional (PRI), que dominou a política mexicana por mais de sete décadas.[24] Ela expressa com nitidez o papel político da mídia sob o sistema moderno latino-americano: mais que um observa-

[23] GUERRERO, M. A.; MÁRQUEZ-RAMÍREZ, M. (Org.). *Media systems and communication policies in Latin America*. Basingstoke: Palgrave Macmillan, 2014. DOI: 10.1057/9781137409058.

[24] HUGHES, S. *Newsrooms in conflict*: journalism and the democratization of Mexico. Pittsburgh: University of Pittsburgh Press, 2006.

dor ou fiscalizador do poder, a mídia era um ator do próprio jogo político.

No Brasil, embora nem sempre de forma tão explícita, a lógica foi semelhante. A fundação da TV Globo em 1965, um ano após o golpe militar, foi acompanhada de apoio institucional direto do regime autoritário, inclusive com financiamento externo articulado com o Departamento de Estado dos Estados Unidos. A Globo, desde então, passou a desempenhar um papel central na construção do imaginário político nacional, alinhada com os valores da ordem, da família e do progresso econômico promovidos pelos militares. Durante a ditadura, a emissora evitava o debate político mais crítico e oferecia uma cobertura jornalística que priorizava a estabilidade institucional. Em 1984, por exemplo, o *Jornal Nacional* não noticiou ao vivo o comício das Diretas Já na Candelária, no Rio de Janeiro. Com o esgotamento do regime e a pressão popular crescente a emissora começou a ajustar sua linha editorial, posicionando-se como defensora da "democratização".[25]

Nesse contexto, a transição democrática brasileira aconteceu sob o predomínio de um sistema midiático hipercentralizado e privado. Ao contrário de outras instituições que passaram por reformas no contexto da redemocratização, a mídia manteve sua estrutura, seus atores principais e sua lógica de funcionamento. Com isso, os políticos, agora em regime de competição eleitoral, passaram a depender cada vez mais da mídia tradicional, especialmente da televisão, para atingir o eleitorado e conquistar votos.

---

[25] PORTO, M. *Televisão e política no Brasil*: a TV Globo e a construção da hegemonia. Rio de Janeiro: Vozes, 2003.

Não foi à toa que o HGPE foi resgatado. Originalmente criado em 1962, o HGPE havia sido descontinuado no endurecimento da ditadura e foi reintroduzido nos anos 1980 como uma tentativa de proporcionar, à classe política, o acesso à mídia no novo ambiente eleitoral. O HGPE, assim, passou a ser um ativo central da política eleitoral brasileira. O tempo de exposição televisiva, distribuído conforme o tamanho das coligações partidárias, reforçava a lógica das alianças e dava vantagem competitiva a quem reunisse maior apoio formal no Congresso. Essa configuração consolidou o que se convencionou chamar de os três pilares tradicionais de uma campanha presidencial vitoriosa no Brasil, válidos entre 1989 e 2018: 1) grandes alianças partidárias, garantindo capilaridade política e territorial; 2) recursos financeiros, que viabilizam a operação de campanha; e 3) tempo de televisão no HGPE, que assegura visibilidade e construção de imagem.[26]

Essa era uma forma de contornar a intermediação rígida da televisão, cujas redes atuavam como os "guardiões do portão", os chamados *gatekeepers*. No sistema moderno, a mídia não apenas reportava a política, ela também a moldava. A campanha eleitoral, a formação de alianças, o desenho do discurso e até a escolha de candidatos passavam pela lógica televisiva.

Em suma, o sistema moderno de mídia não favoreceu altos níveis de participação cidadã, mas impôs limites bastante claros à radicalização do discurso político. A visibi-

---

[26] ALMEIDA, A. C.; GARRIDO, T. *A mão e a luva*: o que elege um presidente. Rio de Janeiro: Record, 2022.

lidade dependia de agradar, ou ao menos não repelir, o centro, e isso produziu um ambiente político que, se não necessariamente mais democrático, foi certamente mais moderado e previsível que o cenário atual.

No Brasil, as eleições de 2018 são um momento representativo da virada de sistemas. O então candidato Geraldo Alckmin, do PSDB, seguiu à risca a cartilha tradicional. Construiu a maior coligação partidária entre todos os candidatos, reuniu uma quantidade significativa de recursos do recém-criado fundo eleitoral, que substituía o financiamento empresarial, proibido em 2015, e obteve o maior tempo de televisão no HGPE.

A fórmula certa. Ao todo, foram mais de cinco minutos por bloco no HGPE, além de uma estrutura de campanha tradicional, ancorada em palanques estaduais e estratégias de marketing televisivo. Mesmo assim, Alckmin terminou a eleição com apenas 4,7% dos votos válidos e ficou de fora do segundo turno.

Enquanto isso, Jair Bolsonaro, do pequeno PSL, tinha apenas oito segundos no HGPE e acesso a uma fração mínima dos recursos do fundo eleitoral. Sua campanha foi marcada pela ausência de alianças tradicionais, pelo baixo investimento em propaganda e por um uso intensivo e estratégico das mídias digitais, especialmente WhatsApp, Facebook e YouTube, para disseminar mensagens segmentadas, de forte apelo emocional, muitas vezes apoiadas em desinformação. O resultado foi avassalador: Bolsonaro terminou o primeiro turno com 46% dos votos válidos, praticamente o dobro do segundo colocado, Fernando

Haddad, e venceu o segundo turno com mais de 57 milhões de votos.

Muito antes do uso eleitoral da internet em 2018 no Brasil, o sistema moderno de mídia começou a ser questionado já em meados dos anos 1960, e por outros motivos que não os da comunicação. Em plena Guerra Fria, sob o clima de tensão entre as superpotências e com o avanço dos armamentos nucleares, crescia entre analistas militares a preocupação com a vulnerabilidade dos sistemas de comunicação centralizados (a rede mais à esquerda na figura 2, a seguir). Em caso de conflito, um ataque cirúrgico contra o ponto central de uma rede, como o centro emissor de um sistema de radiodifusão, poderia interromper toda a comunicação de um país.

É nesse contexto que pesquisadores da Rand Corporation, baseados na Califórnia e financiados pelo Departamento de Defesa dos Estados Unidos, passaram a desenvolver alternativas mais resilientes ao modelo centralizado de comunicação. O engenheiro Paul Baran, em seu relatório seminal de 1962 intitulado *On distributed communications networks*,[27] propôs uma arquitetura completamente nova para o fluxo de informações: as redes descentralizadas e distribuídas (as duas configurações mais à direita na figura 2, a seguir) seriam capazes de continuar operando mesmo se partes do sistema fossem destruídas. O objetivo inicial era puramente militar, mas o impacto seria revolucionário.

---

[27] BARAN, P. *On distributed communication networks*. Santa Monica, CA: The Rand Corporation, 1962.

Figura 2

Redes centralizadas, distribuídas e descentralizadas

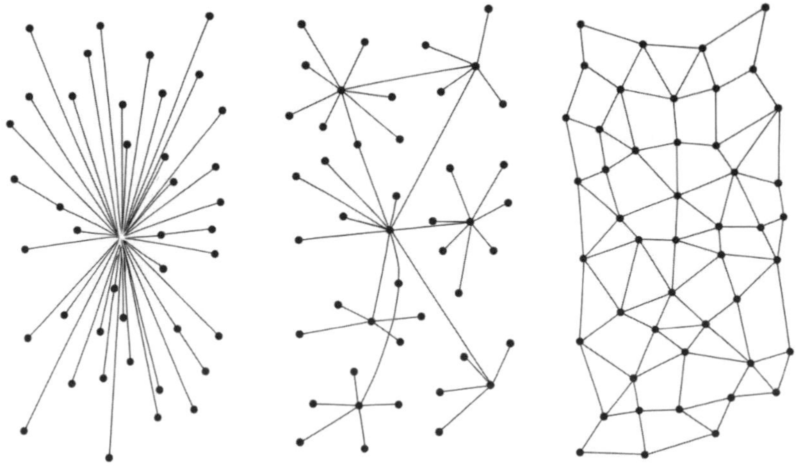

Fonte: Arquivos pessoais do autor.

2.

A TRANSFORMAÇÃO

Quando Jesse Ventura anunciou sua candidatura ao governo do estado de Minnesota, em 1998, poucos levaram a sério. Ex-lutador profissional, no estilo *telecatch*, ator de filmes de ação e apresentador de rádio, Ventura era uma figura conhecida no estado, mas não pela política. Concorrendo por um partido alternativo, o Reform Party (Partido Reformista), sua candidatura foi vista como uma excentricidade. Meses depois, ele surpreenderia os Estados Unidos se tornando governador do Minnesota. Seu *slogan* de campanha? "*Don't vote for politics as usual*", não vote na política de sempre.

Ventura não venceu por ter mais dinheiro ou apoio político, nem mesmo a preferência da mídia no estado. Ele venceu porque entendeu, de forma intuitiva e pioneira, as regras emergentes de um novo ecossistema de comunicação política, o que, anos depois, os pesquisadores chamariam de sistema híbrido de mídia.

Durante sua campanha, Ventura utilizou com habilidade um conjunto diverso de canais de comunicação que operavam fora da lógica tradicional dos meios de massa. Ele ativou listas de e-mails oriundas de seus tempos como lutador e radialista. Aproveitou sua popularidade na cultura pop para gerar atenção e mobilização. Incentivou apoiadores a compartilhar mensagens e conteúdos em fóruns online, listas de discussão e de e-mails. Apareceu em programas de entretenimento e *talk shows*, usando o riso e o absurdo como armas políticas. E, acima de tudo, soube explorar o descompasso entre os ritmos da mídia tradicional e as novas possibilidades oferecidas por formas emergentes de circulação da informação.

Além disso, Jesse Ventura recebeu apoio de uma figura inesperada: Donald Trump. Empresário milionário e celebridade midiática, Trump já era, à época, um nome conhecido do público americano. Embora não tenha ocupado um cargo formal na campanha, Trump foi um dos primeiros nomes de peso a apoiar Ventura, inclusive com doações financeiras e manifestações públicas de entusiasmo. Em entrevistas, afirmou que Ventura representava uma ruptura necessária com a política tradicional e que sua vitória era um "modelo" a ser observado. Em 2000, Trump chegou a considerar Ventura como possível vice em uma candidatura presidencial pelo mesmo Partido Reformista. Essa relação revelou afinidades estratégicas entre os dois e sinalizava a emergência de um novo tipo de figura política: celebridades que transitam entre o entretenimento e a política e que se desenvolvem em canais alternativos de comunicação, sem depender tanto dos partidos ou da mídia tradicional. O caso de Jesse Ventura antecipa, de forma quase profética, alguns elementos do sistema híbrido de mídia, como a coexistência de velhas e novas mídias, a articulação entre a lógica jornalística e a do entretenimento, o papel das plataformas digitais, mesmo que ainda incipientes naquele momento, a desintermediação comunicacional e o uso estratégico da polêmica para capturar atenção.

Mais do que um episódio isolado, sua vitória representou um sinal de mudança. A mídia de massa ainda era dominante, mas não reinava mais sozinha. A autoridade dos grandes veículos começava a ser desafiada por novas formas de produção e circulação de conteúdo. Ventura mostrou que era possível vencer uma eleição operando dentro e fora do sistema midiático, manipulando suas regras, subvertendo suas expectativas e explorando suas vulnerabilidades.

É nesse ponto que começa nossa análise do sistema híbrido de mídia: um ambiente no qual a política se faz por múltiplas vias, combinando o legado do *broadcasting* com as dinâmicas horizontais da internet, onde atores políticos, mesmo os considerados improváveis, podem ascender se souberem navegar entre essas lógicas. A vitória de Jesse Ventura marca mais do que um feito político inesperado. Ela simboliza o início de uma nova era: o momento em que a política começa a experimentar, ainda que timidamente, as possibilidades comunicacionais oferecidas pela internet. Estamos no final dos anos 1990, e aquilo que hoje chamamos de "mídias digitais" ainda era um campo em construção. A internet da época era basicamente constituída de websites e listas de e-mails. E foram essas ferramentas que Ventura soube usar de forma pioneira para criar uma base de apoio, difundir suas mensagens e mobilizar eleitores fora dos canais tradicionais.

Era a primeira fase da internet, a Web 1.0, que tinha um caráter fortemente informacional. Os sites serviam como vitrines: apresentavam propostas, biografias, agendas de campanha. As listas de e-mails, por sua vez, permitiam contato direto com apoiadores. Ainda não havia mídias sociais, nem algoritmos. Mas já havia algo importante: o início da desintermediação, o ato de falar diretamente ao público, sem depender da mediação de jornais ou jornalistas, emissoras ou partidos.

As campanhas começaram a se organizar ao redor dessas novas possibilidades. A plataforma democrata de Al Gore, em 2000, ofereceu um chat para conversas com eleitores em seu site principal. Em 2004, a campanha republicana, liderada por George W. Bush, criou uma calculadora online que mostrava quanto se pagaria a mais em impostos sobre combustíveis caso fossem aprovadas as políticas ambientais defendidas pelos democratas. Era um recurso simples, mas eficiente: usava a lógica digital para criar engajamento individualizado e reforçar uma narrativa ideológica.

A chegada dos blogs e das primeiras plataformas colaborativas causou uma primeira grande virada. Em 2004, a candidatura de Howard Dean, democrata do estado de Vermont, tornou-se um marco nessa transição. Dean não venceu as primárias rumo à Casa Branca, mas foi o primeiro a usar de forma sistemática ferramentas digitais para mobilizar militância, obter pequenas doações em larga escala e estimular o engajamento de base. Seu site integrava blogs, fóruns e ferramentas de doação online. Mais do que uma campanha, Dean construiu uma comunidade digital, algo inédito até então.

Em 2008, Barack Obama elevou o uso da internet a um novo patamar. Com uma equipe especializada, domínio profundo das ferramentas da Web 2.0 e forte integração entre mídias sociais e ações online e offline, sua campanha representou uma mudança de fase. A candidatura esteve presente em 15 mídias sociais: Facebook, BlackPlanet, MySpace, Faithbase, YouTube, Eons, Flickr, Glee, Digg, MiGente, Twitter, MyBatanga, Eventful, AsianAve e Lincoln, ganhando o rótulo de *Obama everywhere* — Obama em todo lugar.[28] Além disso, contou com uma plataforma própria de mobilização, o site My.BarackObama.com (MyBO), que transformava apoiadores em multiplicadores, captadores de recursos e organizadores locais. A campanha soube articular com perfeição a lógica da mídia tradicional com a potência das redes, criando uma estrutura comunicacional distribuída, personalizada e participativa.[29]

Em 2008, a campanha Barack Obama arrecadou quase 750 milhões de dólares de 3,8 milhões de doadores. Estima-se que mais de 400 milhões de dólares foram arrecadados por meio de esforços digitais, como e-mails, mídias sociais, mensagens de SMS ou mesmo por meio do website oficial. Para se ter uma ideia do montante, a campanha de John McCain não alcançou 250 milhões de dólares em sua

---

[28] FOX, Z. The digital smackdown: Obama 2008 vs. Obama 2012. *Mashable*, 23 set. 2012.

[29] BIMBER, B. Digital media in the Obama campaigns of 2008 and 2012: adaptation to the personalized political communication environment. *Journal of Information Technology & Politics*, v. 11, n. 2, p. 130-150, 2014. DOI: https://doi.org/10.1080/19331681.2014.895691.

arrecadação total na mesma eleição. Quatro anos depois, na disputa pelo seu segundo mandato, Obama se tornou o primeiro candidato a presidente dos Estados Unidos a romper com a barreira de um bilhão de dólares de arrecadação, com 4,4 milhões de doadores.[30]

O sucesso de Barack Obama parecia anunciar um novo horizonte para a política digital: mais participação, mais horizontalidade, mais engajamento cidadão. A campanha mobilizou milhões de pessoas, apostando na transparência, no diálogo e na esperança como ativos políticos. Mas a história seguiria um caminho menos otimista.

A eleição de Donald Trump à Casa Branca, em 2016, marcou mais uma virada na forma como a internet passou a ser usada em campanhas eleitorais. Uma das principais novidades foi o uso intensivo de anúncios segmentados do Facebook como plataforma de campanha. O responsável por essa estratégia foi Brad Parscale, um consultor de marketing digital que não vinha do mundo tradicional da política. Sob a batuta de Parscale, a campanha Trump concentrou seus esforços na criação de anúncios digitais personalizados. Esses anúncios eram direcionados a grupos específicos de eleitores com base em dados comportamentais coletados das redes.

Muitos desses anúncios nem apareciam publicamente: os chamados *dark posts*, que não são publicados na página oficial do candidato e só são exibidos para os públicos-alvo segmentados. Isso permite às campanhas mais liberdade

---

30 MAGLEBY, D. B; CORRADO, A. *Financing the 2008 election*. Washington, DC: Brookings Institution Press, 2011.

para enviar mensagens, muitas vezes negativas ou polêmicas, a grupos distintos, sem que o restante do eleitorado saiba que esses anúncios estão circulando ou conheça seu conteúdo. Embora tecnicamente os anúncios incluam a identificação do patrocinador, seu caráter não publicado dificulta o monitoramento externo e impede que o público em geral visualize e compare as diferentes versões das mensagens enviadas.[31]

Além disso, a campanha de Trump utilizou de forma maciça a automação digital, com a ajuda de robôs (*bots*) que amplificavam artificialmente o alcance de determinadas mensagens nas mídias sociais, especialmente no Twitter. Segundo estudos, os *bots* pró-Trump foram muito mais ativos que aqueles pró-Clinton, influenciando o debate público com curtidas, compartilhamentos e até comentários automatizados.[32]

Outro elemento central da campanha foi o uso de *big data*, grandes bancos de dados com informações sobre o comportamento dos eleitores. A empresa Cambridge Analytica teve papel de destaque nesse processo. Ela coletou dados (inclusive sem consentimento) de milhões de usuários do Facebook e criou perfis psicológicos detalhados, permitindo à campanha moldar mensagens específicas para cada tipo de eleitor. Essa prática ficou conhecida como *microtar-*

---

31 DELANY, C. To help elect Trump, Brad Parscale automated Facebook best practices on a vast scale. *E-politics.com*, 11 out. 2017.

32 WOOLLEY, S. C.; GUILBEAULT, D. United States: manufacturing consensus online. In: WOOLLEY, S. C.; HOWARD, P. N. (Ed.) *Computational propaganda*: political parties, politicians, and political manipulation on social media. Oxford, Oxford University Press, 2019.

geting psicológico e acabou gerando um escândalo internacional após a eleição.[33]

A disseminação de *fake news* também foi uma característica marcante daquele pleito. Durante a campanha, circularam amplamente boatos e mentiras sobre a candidata Hillary Clinton, como a falsa história de que ela e outros democratas de alto escalão estariam envolvidos com uma rede de pedofilia em uma pizzaria em Washington. Outra notícia falsa amplamente divulgada foi a de que o papa Francisco teria dado apoio oficial a Donald Trump, o que, claro, nunca aconteceu. Estudos indicam que as *fake news* a favor de Trump foram compartilhadas três a quatro vezes mais do que as favoráveis a Clinton.[34]

A campanha de Trump também contou com ajuda externa. Um caso famoso foi o dos jovens da Macedônia que criaram dezenas de sites de notícias falsas pró-Trump para ganhar dinheiro com cliques em anúncios do Google. Na cidade de Veles, o grupo descobriu que poderia ganhar dinheiro criando e divulgando notícias falsas sobre a eleição americana. Esses jovens criaram mais de 100 websites de aparência jornalística, com nomes parecidos com os de veículos de imprensa reais. As notícias eram totalmente falsas, mas o objetivo não era político e, sim, financeiro. Como o Google pagava por cliques que os visitantes dos sites faziam nos anúncios publicitários, quanto mais as notícias eram compartilhadas nas mídias sociais, mais visitantes os

---

33 CADWALLADR, C.; GRAHAM-HARRISON, E. Revealed: 50 million Facebook profiles harvested for Cambridge Analytica in major data breach. *The Guardian*, 17 mar. 2018.

34 ALCOTT, H.; GENTZKOW, M. Social media and fake news in the 2016 election. *Journal of Economic Perspectives*, v. 31, n. 2, p. 211-236, 2017.

websites tinham e mais cliques eram feitos nos anúncios. Com isso, adolescentes do outro lado do mundo acabaram, inadvertidamente, interferindo no ambiente informacional da eleição presidencial americana.[35]

Outro exemplo foi a interferência de agências russas, que produziram e divulgaram conteúdo nas mídias sociais para influenciar a opinião pública nos Estados Unidos. Segundo relatórios oficiais da inteligência americana, houve uma operação coordenada de interferência, com o objetivo de favorecer a candidatura de Donald Trump e prejudicar Hillary Clinton. Essa interferência assumiu várias formas. Agências estatais russas ou apoiadas por Moscou produziram e divulgaram conteúdos, criando perfis falsos, páginas e grupos que se passavam por cidadãos comuns americanos. Esses perfis disseminaram *fake news*, memes políticos e mensagens polarizadoras, tentando dividir a sociedade americana em temas sensíveis como imigração, racismo, porte de armas, religião e gênero. Além disso, houve ataques contra servidores do Partido Democrata, com o roubo de e-mails que foram divulgados estrategicamente durante a campanha. Ainda que o impacto exato dessa interferência continue sendo debatido, o episódio gerou uma crise política profunda nos Estados Unidos, com investigações parlamentares e judiciais, e alertou o mundo para os perigos das campanhas digitais, onde fronteiras nacionais pouco significam para quem quer manipular a informação.[36]

---

35 PERSILY, N. Can democracy survive the internet? *Journal of Democracy*, v. 28, n. 2, p. 63-76, 2017.

36 INTELLIGENCE COMMUNITY ASSESSMENT. *Assessing Russian activities and intentions in recent US elections*. Office of the Director of National Intelligence, 2017.

Todos esses elementos, uso estratégico de dados, automação, segmentação extrema e desinformação, apontam para um novo tipo de campanha eleitoral, mais tecnológica e complexa. Trata-se de uma campanha que não apenas usa os meios digitais, mas que organiza sua lógica em torno deles, fragmentando o espaço público em vários "minipúblicos" que recebem mensagens diferentes e, muitas vezes, contraditórias. Essa fragmentação dificulta o debate coletivo e ameaça a ideia de um público comum deliberando sobre os rumos da democracia. A campanha Trump, portanto, não apenas venceu uma eleição: ela também sinalizou uma transformação mais profunda nas formas de fazer política e de comunicar-se com a sociedade em tempos digitais.

No caso do Brasil, a transição para o sistema híbrido de mídia ganhou impulso decisivo a partir de 2009, quando uma mudança na legislação eleitoral autorizou, pela primeira vez, o uso de mídias sociais em campanhas políticas. Até então, as campanhas estavam limitadas à criação de websites informativos, com pouca ou nenhuma interatividade. A eleição presidencial de 2010 foi um laboratório inédito: pela primeira vez, candidatos puderam se comunicar diretamente com o eleitorado, por meio do Twitter e do YouTube e de outras plataformas emergentes no país.[37]

De fato, 2010 foi a eleição do Twitter. As candidaturas de José Serra (PSDB), Marina Silva (Partido Verde — PV),

[37] ITUASSU, A. Postmodern without modernization: ages, phases, and stages of political communication and digital campaigns in Brazil (2010-2020). *International Journal of Communication*, [S.l.], v. 17, p. 21, p. 3.133-3.153, abr. 2023.

Dilma Rousseff (PT) e Plínio de Arruda Sampaio (PSOL) chamaram a atenção pública pela ferramenta. Plínio, por exemplo, promoveu um "debate alternativo" no Twitter durante um encontro entre os principais candidatos organizado pelo portal de notícias UOL. Sem convite para o evento, ele decidiu responder às perguntas em tempo real pela mídia social, comentando as falas dos demais e conquistando rapidamente a atenção do público online. O "debate alternativo" colocou o candidato no topo dos *trending topics* do Twitter, que mede os assuntos mais comentados na plataforma, e mostrou que, via mídias sociais, já era possível driblar partidos e mídias tradicionais na disputa pela atenção pública.

É interessante notar que um fenômeno semelhante estava ocorrendo, no mesmo ano, na campanha presidencial colombiana. A campanha de Antanas Mockus, do Partido Verde, é considerada um marco de comunicação política digital na América Latina, tendo chegado ao segundo turno do pleito contra Juan Manoel Santos, apoiado pelo então poderoso Álvaro Uribe, que governou o país entre 2002 e 2010. Mockus alcançou mais de 600 mil seguidores no Facebook, tornando-se o sétimo político mais seguido do mundo na época. No Twitter, também teve uma presença significativa, com mais de 9 mil seguidores, liderando entre os candidatos colombianos.

No Brasil, novas estratégias foram pensadas. A campanha de José Serra de 2010 lançou a plataforma colaborativa "Proposta Serra", onde eleitores podiam contribuir com sugestões para o programa de governo. O candidato também respondeu a perguntas de eleitores, criando a *hashtag*

"Pergunte ao Serra" (#pergunteaoserra). Questões eram selecionadas e Serra as respondia pelo YouTube.

Essa campanha também nos ofereceu um dos episódios mais representativos da transição midiática em curso: o caso da bolinha de papel. Durante uma caminhada do candidato José Serra no Rio de Janeiro, um objeto foi atirado em sua direção, posteriormente identificado como uma simples bolinha de papel. O episódio inicialmente foi enquadrado como uma agressão e explorado politicamente pela campanha tucana. Pouco depois, um vídeo gravado por celular começou a circular nas redes, mostrando o momento do impacto e contestando a versão de que Serra teria sofrido uma agressão. A narrativa virou meme, tema de vídeos humorísticos e alvo de deboche generalizado na internet. Jogos online passaram a circular, permitindo ao eleitor "jogar bolinhas de papel" na cabeça calva do candidato.

Nas manifestações de 2013, o novo ambiente midiático revelou todo seu potencial de mobilização social. Os protestos de junho, que começaram como uma ação contra o aumento das tarifas de transporte público em São Paulo, rapidamente se transformaram em um movimento nacional de insatisfação generalizada. As mídias sociais foram fundamentais para a convocação, organização e propagação dos protestos, muitas vezes sem a mediação de partidos ou entidades tradicionais. As manifestações de 2013 demonstraram que, com as mídias sociais, a rua e a rede poderiam se alimentar mutuamente, algo que passa a ser aproveitado pelos movimentos sociais e políticos no país.

Em 2014, o cenário digital tornou-se ainda mais tenso e complexo. As redes sociais estavam mais consolidadas e os conflitos começaram a ganhar espaço nos ambientes digitais. A candidata Marina Silva acusou o PT de promover uma campanha suja, baseada em desinformação, para tirá-la do segundo turno. Ao mesmo tempo, um documento interno do PSDB vazado para a imprensa revelou o enorme investimento feito pela campanha de Aécio Neves em infraestrutura digital, com destaque para o uso de *bots* nas mídias sociais. Um relatório mostrou mais tarde que a operação, longe de ser desmobilizada depois do pleito, continuou ativa para apoiar a agenda do *impeachment* de Dilma Rousseff, logo após sua reeleição.[38]

Com isso, entre 2010 e 2016, o sistema brasileiro se aprofundou: a televisão ainda era importante, mas o campo digital ganhava centralidade, especialmente como espaço de combate simbólico e mobilização ideológica. As manifestações de rua, as denúncias da operação Lava Jato e o *impeachment* de Dilma foram acompanhados por uma guerra comunicacional nas redes. *Bots*, memes, páginas anônimas e influenciadores passaram a ter papel determinante na formação de opinião e na criação de climas políticos.

É nesse contexto que se forja a candidatura de Jair Bolsonaro. Deputado do baixo clero, com escassa presença no HGPE e quase nenhum apoio partidário ou midiático, Bolsonaro percebeu desde cedo que as mídias sociais poderiam ser sua principal via de ascensão política. Com forte presença no Facebook e, principalmente, com o uso

---

38 ARNAUDO, D. Computational propaganda in Brazil: social bots during elections. *Working Paper No. 2017.8*, Oxford Internet Institute, 2017.

intensivo de grupos de WhatsApp, sua campanha de 2018 foi construída em torno de uma comunicação direta, desintermediada e emocional. Seus apoiadores funcionavam como multiplicadores espontâneos ou semiorganizados de conteúdos, memes, vídeos e ataques a adversários, muitas vezes caracterizados como desinformação.

Assim, o Brasil chegou a 2018 com uma campanha presidencial na qual o candidato com menor tempo de televisão e menos recursos públicos foi o vencedor no primeiro turno e acabou ganhando a eleição. A vitória de Bolsonaro não representou apenas uma mudança de governo, mas a consolidação de um novo modo de fazer política: digital, radical, emocional, híbrido. E o caminho até ali havia começado quase 10 anos antes, com os primeiros tuítes de Plínio, os vídeos de Serra, os engajamentos de Marina, os protestos de 2013 e a estruturação invisível de uma arena comunicacional paralela.

Esse percurso histórico evidencia como a entrada do Brasil no sistema híbrido de mídia foi marcada por saltos legislativos, experimentações tecnológicas e disputas intensas entre diferentes visões de democracia. A combinação entre liberalização normativa, expansão do acesso digital e crescente radicalização da política criou um terreno fértil para transformações profundas, cujas consequências continuam a se desenrolar.

Com Bolsonaro e Trump, entre outros políticos semelhantes, o sistema híbrido atinge um novo grau de maturidade e de tensão. A combinação entre mídias sociais, mídia tradicional, plataformas digitais e estruturas de campanha altamente flexíveis permite a ascensão de candidatos que operam deliberadamente à margem das convenções democráticas, mas que conseguem mobilizar afetos, criar narrativas e disputar corações e mentes de maneira eficaz. Nesse cenário, a política deixa de ser apenas disputa de ideias e programas, e passa a ser uma guerra permanente por atenção, em que a verdade, a institucionalidade e a estabilidade democrática nem sempre são prioridades.

Esse é o novo cenário que o sistema híbrido de mídia nos apresenta: um campo em constante mutação, em que o digital não substitui o tradicional, mas o reconfigura. A política se torna performativa, imediata, emocional e personalizada. A informação circula em velocidades e formatos que desafiam qualquer controle institucional. E as campanhas, antes centradas em partidos e veículos de imprensa, agora se estruturam em torno de influenciadores, redes informais e estratégias de engajamento algorítmico.

E o que significa viver e fazer política em um sistema híbrido de mídia? A resposta envolve entender como a convergência entre velhas e novas mídias não apenas mudou os instrumentos da política, mas também suas regras, seus atores e seus efeitos sobre a democracia. Esse panorama de transformações não é apenas uma mudança tecnológica ou estética. O que está em jogo é uma reconfiguração profunda da estrutura do espaço público, de como a informação circula, de quem tem poder para falar e ser ouvido, e de quais regras moldam o debate político. As mídias digitais não estão aí apenas para serem "usadas", como um meio, uma ferramenta, elas próprias, com suas lógicas e materialidades, informam e moldam os desenvolvimentos sociais, incluindo a política e a democracia.

O conceito de sistema híbrido de mídia, formulado pelo acadêmico britânico Andrew Chadwick, ajuda a entender esse novo cenário. Para Chadwick, vivemos uma era em que mídias tradicionais e mídias digitais não competem de forma isolada, mas se combinam, se sobrepõem e se alimentam mutuamente. Jornalismo profissional, plataformas digitais, mídias sociais, fóruns, canais alternativos, WhatsApp, televisão e rádio formam um ecossistema interdependente, no qual os fluxos de informação são múltiplos, não lineares e cada vez mais difíceis de controlar.[39]

A chave do sistema híbrido está na noção de hibridismo estratégico. Os atores políticos — partidos, candidatos, militantes e influenciadores — aprendem a transitar entre diferentes ambientes midiáticos, adaptando suas mensagens, estéticas e táticas conforme o público, a plataforma e o momento. Um mesmo discurso pode ser apresentado de maneira institucionalizada na televisão, mais formal no LinkedIn, mais informal no X, emocional no WhatsApp e sensacionalista no YouTube. Essa capacidade de modular a comunicação conforme o meio é uma das marcas dos novos líderes políticos e suas campanhas.

Além disso, o sistema híbrido é caracterizado por uma erosão das fronteiras entre comunicação institucional, jornalística e popular. O que antes era separado — imprensa, propaganda, opinião pública —, agora circula em um mesmo ambiente, onde jornalistas reagem a memes, políticos viralizam em *podcasts* e cidadãos se informam

---

[39] CHADWICK, A. *The hybrid media system*: politics and power. 2. ed. Oxford: Oxford University Press, 2017.

por vídeos no TikTok. A autoridade da informação passa a depender menos da credibilidade e mais da visibilidade. Como mostra Chadwick, os atores mais bem-sucedidos nesse sistema não são necessariamente os mais razoáveis, mas os que melhor dominam a lógica da controvérsia e da amplificação.

Outro elemento importante é o que se chama de entrelaçamento das mídias. Quando um político faz uma declaração polêmica nas redes, ela repercute nos jornais, que por sua vez geram clipes e manchetes que voltam a circular em vídeos, *tweets* e mensagens. Esse ciclo se retroalimenta e permite que mensagens inicialmente marginais se tornem centrais no debate público, muitas vezes ignorando ou subvertendo os mecanismos tradicionais de validação da informação.

Em suma, o sistema híbrido de mídia é uma estrutura comunicacional dinâmica, fluida e disputada, que redefine os termos da política contemporânea. Ele não elimina os meios tradicionais, mas os reposiciona em um ecossistema no qual sua autoridade já não é mais garantida. Ele não cria uma esfera pública mais democrática por si só, mas também não determina, de forma automática, a ascensão do autoritarismo. O sistema híbrido é, sobretudo, um campo de disputas.

Este capítulo mostrou como esse sistema se constituiu, desde as primeiras experiências digitais nas campanhas de Jesse Ventura até as estratégias sofisticadas e muitas vezes perigosas de líderes como Donald Trump. No próximo capítulo, exploraremos as consequências desse novo sistema para a política e a democracia, examinando como a lógica do híbrido afeta a confiança nas instituições, a qualidade do debate público e as próprias estruturas da representação política.

3.

O DEPOIS, A NOVA REGRA DO JOGO

Muitos autores consideram o ano de 2016 paradigmático na história das campanhas digitais. Naquele ano, como vimos, Donald Trump foi eleito com uma campanha barata, para os padrões americanos (US$ 398 milhões), e um gigantesco sistema de produção de anúncios segmentados via Facebook, comandado por Brad Parscale, um especialista em marketing digital que nunca havia trabalhado numa campanha política. O "hibridismo" da comunicação política ficava claro nas estratégias diferenciadas para o Twitter, com o perfil do candidato como elemento catalisador da atenção pública, e para o Facebook, com o sistema de anúncios segmentados. Além disso, como vimos, a eleição presidencial de 2016 nos Estados Unidos, referência tradicional no meio das campanhas eleitorais, foi marcada por *fake news* e desinformação, robôs e intervenção externa, com a ampla utilização do que se passou a chamar de "propaganda computacional".[40]

---

[40] HOWARD, P.; LIN, F.; TUZOV, V. Computational propaganda: concepts, methods, and challenges. *Communication and the Public*, v. 8,

O termo se refere ao uso de tecnologia para distribuir informação ou desinformação a serviço de uma ideologia ou estratégia de acumulação de capital político. Como prática comunicativa, envolve algoritmos, automação e curadoria humana para a distribuição de conteúdo. Os algoritmos operam em grandes sistemas computacionais, redes de telefonia móvel ou plataformas de mídias sociais. Essa forma de "propaganda", que, no inglês, ganha uma conotação mais negativa, mais próxima de "manipulação" que no português, emprega diversas técnicas, incluindo o uso de *bots* (contas automatizadas em mídias sociais), *botnets* (redes dessas contas) e *trolls* (grupo de humanos pagos para se comportar de uma determinada maneira), com a intenção de amplificar mensagens específicas, suprimir vozes dissidentes, alimentar ou diluir certos debates, bem como criar a ilusão de apoio ou oposição em massa, entre outros objetivos. Os agentes automatizados da campanha são projetados para imitar o comportamento humano, tornando difícil para os usuários distinguirem entre interações genuínas e manipuladas.

Nesse contexto da propaganda computacional, relatórios acusam, por exemplo, o governo venezuelano de diluir debates desfavoráveis, amplificando outros conteúdos não políticos nas mídias sociais. Segundo esses trabalhos, o regime usa cadeias de rádio e TV e uma forte

n. 2, p. 47-53, 2023. DOI: https://doi.org/10.1177/20570473231185996; WOOLLEY, S. C.; HOWARD, P. N. (Ed.). *Computational propaganda*: political parties, politicians, and political manipulation on social media. Oxford: Oxford University Press, 2018.

estratégia digital, incluindo *bots, trolls* e campanhas de desinformação.[41]

Análises produzidas em Oxford sobre propaganda computacional destacam como essas táticas são utilizadas por uma variedade de atores, desde regimes autoritários até campanhas políticas e eleitorais em sociedades democráticas, para influenciar o discurso político, as eleições, o debate público e a opinião pública. O projeto já documentou casos em todo o mundo, inclusive no Brasil.[42]

No contexto do sistema híbrido de mídia pós-2016, serão apresentadas, a seguir, consequências para a política e a democracia relacionadas com as mídias digitais, especialmente no caso brasileiro. Nesse sentido, serão explorados os seguintes temas: democratização, desinformação, segmentação e radicalização.

3.1 Democratização

Uma pesquisa feita na PUC do Rio de Janeiro começou, em 2020, a entrevistar profissionais de campanha eleitoral para saber a percepção deles sobre os impactos da mídia digital.[43] Uma das perspectivas mais presentes entre

---

41 Martínez, E. G. El Gran Hermano revolucionario triunfa en Venezuela. In: Wesemann, K. (Ed.). *Nuevas campañas electorales en América Latina*. Montevidéu: Fundación Konrad Adenauer, 2018. p. 21-40.

42 Woolley, S. C.; Howard, P. N. (Ed.). *Computational propaganda*: political parties, politicians, and political manipulation on social media. Oxford, Oxford University Press, 2018.

43 ituassu, A. et al. Mídias digitais, eleições e democracia no Brasil: uma abordagem qualitativa para o estudo de percepções de profissio-

esses profissionais é a visão das mídias digitais como algo “democratizante”, que empodera o cidadão, equilibrando as campanhas, bem como as oportunidades de expressão e de participação. As mídias digitais fortaleceriam o lado do cidadão nas relações com a mídia e com os políticos e equilibrariam as oportunidades de fala no contexto informacional.

Nessas entrevistas, foram comuns expressões como “a internet trouxe as pessoas para conversar com seu representante”, “a internet democratizou a informação”, “hoje todo mundo tem acesso à informação”, “a internet se tornou um espaço para pessoas comuns expressarem suas opiniões”. Aqui, as mídias digitais aparecem como um elemento de redução das desigualdades. Segundo um dos entrevistados, “as redes sociais deram ao candidato, mesmo aquele que tem pouco recurso, as mesmas condições. Usando ativamente as redes sociais a gente democratiza mais a eleição”.

Há também nessas ideias uma perspectiva de uma democracia mais direta, de uma maior aproximação entre o cidadão, a política e os políticos. Um dos entrevistados afirmou: “Estamos caminhando para uma situação de não representação e uma democracia direta. O eleitor hoje se pergunta por que precisa de um deputado. Ele sente que pode votar do celular dele, nas matérias no Congresso”. A fonte resumiu o sentimento da seguinte forma: “Não pre-

---

nais de campanha. *Dados*, v. 66, n. 2, e20210063, 2023. DOI: https://doi.org/10.1590/dados.2023.66.2.294.

ciso de um deputado nem de um vereador. Se eles estão lá, eles vão ter de fazer o que eu quero que eles façam".

Outro elemento relacionado ao ambiente digital, levantado nas entrevistas com profissionais de campanha no Brasil, foi a ausência de hierarquia. "O sujeito na internet aprende uma certa horizontalidade radical. Aprende uma não hierarquia, quer se representar a si mesmo e leva essa lógica para a política", afirmou um dos entrevistados. Segundo ele, "o eleitor não quer mais ser representado por um sujeito mais preparado que ele, que estudou numa universidade melhor que a dele, que tem uma carreira melhor que a dele: ele quer ser representado por ele mesmo".

Nesse ambiente, as pessoas procuram "candidatos mais autênticos e menos ensaiados", afirmou um entrevistado. Modifica-se a relação dos políticos com os eleitores: "O perfil dos eleitores mudou: eles não querem só ouvir a mensagem, querem participar da mensagem". Está em jogo uma nova perspectiva de comunicação política. "Acabou essa história de você falar o que você quer falar sem escutar o outro", disse um entrevistado. "Cada vez mais o eleitor quer emitir a opinião dele e quer resposta disso", concluiu.

As mídias digitais, assim, fortaleceriam o lado do cidadão nas relações com a mídia e com os políticos e equilibrariam mais as campanhas, as oportunidades de fala e o contexto informacional. Se, no sistema moderno, a preocupação era o papel somente passivo dos cidadãos, restritos a acompanhar a política pela mídia, especialmente pela televisão, e, de tempos em tempos, expressar sua posição por meio do voto, quando tinham disposição para tanto, no sistema híbrido de mídia, os cidadãos ganham um papel mais ativo e são oferecidos novos meios de participação e organização política. Essa narrativa ganhou força a partir dos anos 2000, impulsionada por movimentos como os blogs políticos, a Primavera Árabe, o uso do Facebook e do Twitter em protestos globais, e o crescimento das campanhas digitais participativas, como as de Barack Obama em 2008 e 2012.

De fato, não há dúvidas que ocorreu um tipo de "democratização" da comunicação com a chegada das mídias digitais. Apesar de o termo se referir mais a regimes políticos que sistemas de mídia, é fácil perceber como, ao menos nos terrenos da pluralidade de perspectivas e informações, bem como diversidade de atores e vozes, o sistema híbrido de mídia é bem mais livre e aberto à participação do que era o sistema moderno.

Esses novos desenvolvimentos, no entanto, percebidos como "democratizantes", trazem também outras consequências para a política e a democracia, especialmente do ponto de vista do liberalismo democrático. Não à toa, temos percebido um fortalecimento do "populismo" e suas variantes em diferentes contextos do planeta.[44]

Para tratar deste ponto, é preciso uma definição mínima do que se chama aqui de "liberalismo". Este livro se refere ao liberalismo como uma ideologia política que surgiu como uma resposta ao absolutismo monárquico, predominante na Europa entre os séculos XVI e XVII. Contra a ideia de que o rei governava por direito divino,

---

[44] Sobre isso, ver MUDDE, C. *The far right today*. Cambridge: Polity Press, 2019.

concentrando em si todos os poderes do Estado, o liberalismo propõe uma nova lógica de organização política: a limitação do poder por meio de leis e instituições, a defesa das liberdades individuais e a ideia de que o governo deve existir apenas com o consentimento dos governados. Esse pensamento se consolida especialmente a partir das revoluções Gloriosa (1688), Americana (1776) e Francesa (1789), que resultaram na descentralização dos poderes e na afirmação de autoridades institucionais.

Essa concepção fundacional do liberalismo marca o início de uma ordem normativa moderna, que substituirá o poder arbitrário do soberano por um estado de direito, regido por leis, e estruturado em instituições como a divisão dos poderes e a representação política. O ideal liberal se firma, assim, em torno de três pilares: liberdade individual, limitação do poder e institucionalização da política. Ao longo dos séculos XVIII e XIX, o liberalismo se firmou como a ideologia da modernidade política, contrapondo-se também ao nazismo, ao fascismo e ao comunismo. Sua influência está presente nas constituições modernas, na defesa da liberdade de imprensa, da liberdade de expressão, de culto e de associação, e na construção de sistemas políticos representativos. Em suma, o liberalismo, visto pela ótica da política, sustenta que, quanto mais estiver dividido o poder, mais seguras estarão as liberdades do cidadão.

Além do nazismo e do comunismo, o populismo também é uma ameaça ao liberalismo. Enfatizando o elemento da soberania popular na democracia, o populismo tem as instituições e a divisão de poderes como inimigas, obstáculos no caminho da efetivação dos desejos do “povo”.

Não é à toa que muitos pesquisadores estudam hoje a relação entre o ressurgimento do populismo, em muitos países, e as mídias digitais. O ambiente digital favorece lógicas de desintermediação, horizontalidade e mobilização permanente. Nesse ambiente, os processos de democratização relacionados com a ideia do cidadão que quer representar a si mesmo tensionam a representação, pressionando por formas mais diretas de decisão e deliberação. Tal noção de horizontalidade dilui as fronteiras que delimitam o espaço do respeito e da legitimidade com relação a políticos e instituições. Como ficarão os processos de representação política ante essas pressões é uma das principais questões de pesquisa hoje no campo da comunicação política digital.

Trata-se de uma dupla face de Janus, para utilizar a metáfora romana em uma leitura moderna. Por um lado, as mídias digitais promovem a multiplicação de vozes e atores na esfera pública, com uma enorme diversidade de temas e opiniões. Por outro, minam a representação, fortalecem a agressividade com políticos, radicalizam a relação do cidadão com a política e impulsionam o populismo antiliberal. Será o liberalismo político ou a democracia liberal compatível com as mídias digitais?

3.2 Desinformação

A desinformação tornou-se uma das consequências mais visíveis, e alarmantes, da ascensão das mídias digitais nas democracias contemporâneas. A mentira sempre existiu na política, mas as mídias digitais facilitaram enormemente a produção e a disseminação de notícias falsas e desinformação. O fenômeno tem sido uma preocupação entre muitos autores na comunicação política. Um texto clássico do campo define desinformação como falsidades intencionalmente disseminadas em busca de ganhos políticos. Hoje, as *fake news* são tratadas mais como inverdades no formato de notícias.

Uma pesquisa recente explorou a natureza política de 57 falsidades que circularam nas eleições de 2018 no Brasil, propagadas por mais de mil contas, alcançando 4 milhões de compartilhamentos. A análise concluiu que a desinformação não é só um problema porque engana as pessoas, mas também porque exacerba a polarização e mina a legitimidade da esfera pública.[45]

Ao mesmo tempo, a desinformação já está sendo tratada como um recurso de campanha. "Uma fake news bem-feita tem estratégia", afirmou um entrevistado, na pesquisa feita com profissionais eleitorais. "As fake news só funcionam se houver uma percepção de verdade. Se você disser que o Bolsonaro vai casar com o Sérgio Moro, ninguém vai acreditar. É preciso que haja uma possibilidade de verdade", disse mais um. Outro profissional afirmou: "É mito você achar que pode inventar qualquer coisa, soltar nas redes e as pessoas vão acreditar. Para isso acontecer, você precisa de um trabalho consistente".

"Uma fake news bem-feita tem estratégia", afirmou um dos entrevistados. "No primeiro parágrafo tem uma verdade, no segundo informações que não são verídicas com

---

[45] DOURADO, T. *Fake news: quando mentiras viram fatos políticos.* Porto Alegre: Zouk, 2021.

números reais, de preferência, e aí você conclui com uma informação falsa". Outro entrevistado afirmou que basta "gerar uma dúvida". Segundo ele, "as fake news não querem 'provar uma verdade'".

Ao mesmo tempo, identificamos nos profissionais de campanha eleitoral um enorme sentimento de frustração com relação à desinformação. "É um desgaste enorme estar o tempo todo lutando contra a desinformação, que não está só nas redes, nos grupos de WhatsApp é ainda mais forte", afirmou um dos entrevistados. "Hoje, temos mais gente dedicada a gerar boatos ou fake news e campanhas negativas, a satanizar, ridicularizar ou exagerar determinadas questões do que gente tentando convencer o eleitor", disse outro.

O problema das *fake news* ou da desinformação tem contornos filosóficos, que garantem a complexidade da questão. O debate ganhou projeção global com a popularização do termo "pós-verdade", eleito Palavra do Ano pelo *Dicionário Oxford* em 2016. A escolha refletia o contexto político da época, marcado por dois eventos emblemáticos já comentados neste livro: a eleição de Donald Trump nos Estados Unidos e o referendo do Brexit, que decidiu pela saída do Reino Unido da União Europeia.

A pós-verdade se conecta à desinformação a partir do debate filosófico relativo à epistemologia, isto é, a forma como construímos algo que chamamos de "conhecimento". Desde a Grécia Antiga que o conhecimento é algo atrelado a uma noção específica de verdade. Desde então, buscar a verdade é construir conhecimento e vice-versa.[46]

[46] Sobre isso, ver DELACAMPAGNE, C. *História da filosofia no século XX*. São Paulo: Jorge Zahar, 1997.

Entretanto, ao menos desde Immanuel Kant (1724-1804), a noção de verdade filosófica foi sendo pouco a pouco relativizada. O filósofo iluminista alemão foi célebre em afirmar que o ser humano é incapaz de alcançar uma verdade natural das coisas, dado que sua percepção do mundo está, impreterivelmente, atravessada pela cultura ou, como a academia gosta de dizer, pela "linguagem". Essa noção foi aprofundada na filosofia por Nietzsche, Heidegger e os pós-estruturalistas na França, entre outros.

Nesse mesmo caminho, a antropologia também favoreceu a desconstrução da verdade com a noção de relativismo cultural. Ora, uma "verdade" para uma cultura não necessariamente é para outra; e como fica então a pretensão universalista da verdade e do conhecimento com essa "nova" situação? Existe ou pode existir o fato puro, neutro, independentemente de qualquer olhar ou perspectiva? Se todas essas perguntas tornaram mais complexa a vida de pesquisadores e cientistas, pode-se imaginar seu impacto no jornalismo e na política. Assim, quando Donald Trump acusa a CNN, em setembro de 2016, de produzir *fake news* ao reportar sua suposta intenção de se manter como produtor executivo no programa *The Celebrity Apprentice* após assumir a Casa Branca, as portas já estavam escancaradas para os questionamentos relativos à legitimidade do fato. Não à toa, hoje muitos autores utilizam da expressão "a ordem da desinformação" para caracterizar o contexto atual. Há outras expressões como "a disrupção da esfera pública" ou "a esfera pública dissonante".[47] É importante lembrar, a ideia

[47] BENNETT, W. L.; PFETSCH, B. Rethinking political communication in a time of disrupted public spheres. *Journal of Communication*, v. 68, n. 2, p. 243-253, abr. 2018.

de "esfera pública" foi popularizada pelo acadêmico alemão Jürgen Habermas, que a definiu como algo entre os cidadãos e os locais de tomada de decisão política. Em lugar intermediário e de mediação, a esfera pública seria, idealmente, o espaço onde os agentes da sociedade debateriam as questões públicas, informando as decisões políticas.[48]

Sem ter como base uma noção universal de verdade, a política, com as mídias digitais, se vê atomizada em minipúblicos independentes e fechados em si mesmos, compartilhando noções próprias do que é ou não verdade, como espaços comunicativos restritos, onde grupos compartilham valores e informações, noções específicas da própria realidade. Os potenciais problemas gerados no processo de constituição desses minipúblicos decorrem do fato de que o "uso público da Razão", como prevê a esfera pública, exige "publicidade". Quando os minipúblicos dialogam apenas entre si e permanecem fechados em si mesmos, a ideia de "público" ou de "esfera pública" não apenas se esvazia, mas torna-se, de fato, uma impossibilidade.

Diante desse cenário, o combate à desinformação não se resume à checagem de fatos, mas à reconstrução das bases da esfera pública. Exige estratégias comunicacionais, educacionais e políticas que revalorizem o conhecimento compartilhado, o dissenso informado e a convivência democrática. Será a noção moderna de esfera pública compatível com um ambiente marcado pela desinformação?

---

48 HABERMAS, J. *Mudança estrutural da esfera pública*: investigações quanto a uma categoria da sociedade burguesa. Tradução de Flávio R. Kothe. Rio de Janeiro: Tempo Brasileiro, 1984.

3.3 Segmentação

A segmentação da comunicação é uma das consequências mais significativas das mídias digitais. Vale lembrar, no sistema moderno de mídia, a mesma mensagem era enviada a todo o público ou audiência em um mesmo momento. Quando o comunicador tinha que enviar uma única mensagem buscando atingir, em última instância, toda a sociedade ou uma grande parte dela, isso fazia com que houvesse um cuidado moderador muito grande na produção dessa mensagem.

Como vimos no capítulo 1, essa era a lógica do sistema midiático moderno, que levava toda a comunicação, inclusive a política, para o centro, fugindo dos extremos minoritários. Nesse contexto, uma comunicação voltada para um extremo ou outro do espectro político, por exemplo, ficaria limitada a uma minoria e poderia ser negativamente interpretada por todo o restante do público, gerando um possível rechaço ao autor da mensagem. Desse modo, tínhamos sempre uma comunicação de cunho mais moderado, cuidadoso e, relativamente, conservador.

Pouco a pouco, esse modelo foi perdendo a hegemonia no sistema. A TV a cabo, por exemplo, já nos anos 1980-1990, trouxe ao ambiente uma nova lógica, com uma comunicação mais de nicho e especializada. Nos acostumamos, desde então, a falar dos "públicos diferentes" que tinham as TVs aberta e a cabo. Novas marcas como CNN, MTV, CBS News, Globonews e SporTV vão se desenvolver com base em uma lógica diferente daquela que marcava o sistema moderno de mídia. Não à toa, nos Estados Unidos, quando surge a FOX News em 1996, 16 anos depois da CNN, há uma reconfiguração da especificidade das audiências, com a primeira se dirigindo a um público mais de direita ou conservador e a segunda, mais de esquerda ou liberal.

A quebra do padrão *broadcasting* no sistema midiático está relacionada com o desenvolvimento tecnológico na produção da comunicação. É com a queda dos custos de produção e o desenvolvimento de novos formatos de rede que se torna possível a oferta de mensagens customizadas voltadas a públicos específicos. Da mesma forma que a tecnologia atua na busca por eficiência na produção de qualquer bem material do sistema capitalista, também na comunicação ela é um elemento crucial em seus processos.

A internet e as mídias digitais apresentam para os comunicadores a possibilidade de trabalhar de forma contínua com dados sobre as preferências dos diferentes públicos, coletados da internet, bem como de enviar mensagens específicas a esses públicos, o que chamamos de segmentação. Essa era uma possibilidade impensável no sistema moderno. Em última instância, podemos supor em breve ser possível a produção de mensagens individualizadas, preparadas a partir das preferências de cada indivíduo. Nesse contexto, não há dúvida, a tecnologia permitiu um aumento gigantesco de eficiência da comunicação, que serve de incentivo para a utilização dessas mesmas potencialidades pelos profissionais do campo.

Novamente com base em entrevistas feitas com profissionais de campanha, estes foram unânimes em perceber a segmentação como uma tendência. "Hoje, a gente abre a ferramenta de anúncios do Facebook e já tem a possibilidade de construir diversos tipos de público", afirmou um entrevistado. "Quem não for muito criativo, inteligente, quem não segmentar... o candidato que não trabalhar microssegmentação... quem fizer campanha de propaganda de massa, está fora", disse outro.

Uma fonte relacionou a segmentação à campanha vitoriosa de Jair Bolsonaro, em 2018. Segundo o entrevistado, a campanha Bolsonaro conseguiu fazer "um processo de segmentação bem eficiente". Fizeram "algo fundamental hoje em campanhas", identificar quem é o público, o que esse público deseja e "falar para cada público aquilo que ele quer ouvir". "Uma campanha mais profissional vai utilizar plataformas como o Facebook para criar minipúblicos com diversos tipos de segmentação diferentes. Vai construir a narrativa que melhor cabe a cada um, com automatização, recursos e *big data*", afirmou outro entrevistado.

Para entender melhor os impactos que uma comunicação segmentada pode trazer, é necessário compreender qual o papel que a comunicação desempenha nas sociedades. No início do livro *Opinião pública*, publicado em 1922, nos Estados Unidos, obra que se tornaria um clássico no campo da comunicação, Walter Lippmann narra uma história de uma ilha isolada no oceano onde, em 1914, viviam ingleses, franceses e alemães. A ilha não tinha conexão com o mundo exterior e o único contato com a civilização era um navio de correio britânico que chegava a cada 60 dias. Em setembro daquele ano, os moradores ainda discutiam um julgamento sobre o caso de um jornalista assassinado na França, conforme noticiado no último jornal recebido. Quando finalmente o navio aportou, os habitantes se reuniram ansiosamente no cais para saber o veredicto. Descobriram, então, com espanto, que há mais de seis semanas seus países estavam em guerra, e que, sem saber, haviam convivido em harmonia enquanto suas nações estavam em conflito armado, ingleses e franceses de um lado, alemães do outro.[49]

Essa anedota ilustra de forma vívida uma das teses centrais de Lippmann: as pessoas não conhecem diretamente boa parte do mundo em que vivem e formam suas opiniões sobre as coisas com base em percepções construídas a partir do que recebem de informação dos meios de comunicação. Mesmo os fatos mais objetivos, como o início de uma guerra, só se tornam realidade para nós quando são comunicados e compartilhados socialmente.

Com essa reflexão, Lippmann inaugura, nos Estados Unidos, uma tradição de estudos sobre comunicação política e opinião pública que influenciaria não só a academia, mas também o jornalismo, a publicidade e a própria lógica da política moderna. Basta pensar, por exemplo, o caso da política. A maior parte das pessoas não está próxima dos desenvolvimentos da política para se informar sobre o que está acontecendo. Na verdade, o público em geral tem contato com a política pelas narrativas midiáticas, que relatam e analisam os eventos para o cidadão. A política, nesse sentido, não é comumente uma experiência direta, mas compreendida por meio de mediadores. Ao menos desde a modernidade, essa mediação passou a ser feita

[49] LIPPMANN, W. *Opinião pública*. Tradução de Jacques A. Wainberg. 2. ed. Petrópolis: Vozes, 2010.

midiaticamente, *i.e.*, com uso de tecnologias midiáticas de comunicação.

Nesse sentido, a política, como qualquer outra prática social, se torna o que chamamos de uma "realidade construída". Não se trata de uma realidade objetiva, neutra ou pura, mas um "real" cujo entendimento é informado pelas narrativas midiáticas. Com isso, a multiplicação gigantesca da oferta de narrativas midiáticas no sistema é acompanhada do mesmo fenômeno no campo das "realidades construídas", *i.e.*, das variedades do "real". A segmentação da comunicação, própria do sistema híbrido de mídia, pode ser entendida como motor de um processo contínuo pelo qual múltiplas realidades são construídas.

No sistema moderno de mídia, centrado no *broadcasting*, também tínhamos "realidades construídas". No entanto, como a oferta de mídia era (bem) menor, havia um número também (bem) menor de narrativas midiáticas à disposição do público. É claro que as pessoas são capazes de construir realidades diferentes a partir de uma mesma origem, mas essas serão sempre em menor número quando comparadas a um contexto no qual você tem um número muito maior de referências.

Assim, a maior fragmentação social é uma consequência inevitavelmente relacionada com a segmentação da comunicação. Nesse campo, a segmentação promovida pelas mídias digitais já tem gerado impactos sociais profundos. O funcionamento das plataformas digitais baseia-se em sistemas algorítmicos que personalizam os fluxos de informação com base nos dados comportamentais dos usuários. Isso resulta na formação de públicos fragmentados e na criação de bolhas informacionais, nas quais as pessoas são expostas a conteúdos semelhantes aos que já consomem, limitando o contato com perspectivas divergentes.[50] Tal dinâmica reforça identidades grupais e promove uma estrutura comunicacional cada vez mais homofílica, em que indivíduos se relacionam e se informam quase exclusivamente com aqueles que compartilham valores, crenças e visões de mundo similares.

Essa fragmentação tem implicações significativas para o tecido social. Em primeiro lugar, ela alimenta a polarização afetiva: não se trata apenas de discordar de ideias, mas de rejeitar existencialmente os grupos que pensam diferente. Estudos demonstram que essa forma de polarização intensifica o antagonismo social e enfraquece os vínculos de reconhecimento mútuo entre os cidadãos. Em segundo lugar, o espaço público compartilhado (essencial para a deliberação democrática) se dissolve em esferas paralelas de comunicação que operam com diferentes agendas, valores e até fatos e referências. Essa desagregação dificulta a construção de consensos e compromete a própria ideia de uma esfera pública comum, fundamental nas democracias liberais.

As consequências políticas desse processo também são evidentes. A segmentação permite o uso de mensagens distintas e, por vezes, contraditórias, em campanhas políticas dirigidas a diferentes públicos, o que compromete a transparência, o escrutínio público e a capacidade de deliberação coletiva. Além disso, há impactos econômicos e sociais relevantes: algoritmos tendem a oferecer conteúdos mais

---

50 PARISER, E. *The filter bubble*: what the Internet is hiding from you. Nova York: Penguin Press, 2011.

simples e sensacionalistas a grupos com menor capital informacional, enquanto reservam conteúdos mais analíticos para públicos com maior escolarização ou renda (reforçando assim desigualdades sociais já existentes).

O caso brasileiro ilustra bem esses processos. Nas eleições de 2018 e 2022, observou-se a circulação de campanhas paralelas direcionadas a segmentos sociais específicos, frequentemente com mensagens incompatíveis entre si. Plataformas como o WhatsApp desempenharam um papel central, funcionando como canais de comunicação hipersegmentada, que escapam ao controle institucional e à mediação do jornalismo. Esse tipo de comunicação contribui para o aumento da desconfiança, da radicalização e da percepção de ameaça em relação ao "outro", dificultando a mediação democrática e, em última instância, favorecendo episódios de ruptura institucional (como o ocorrido em 8 de janeiro de 2023).

A segmentação contínua e estrutural da comunicação nas mídias digitais também traz implicações de longo prazo para a própria ideia de identidade nacional e para a integridade dos espaços políticos nacionais. Durante o regime militar no Brasil, por exemplo, o Estado investiu pesadamente na criação de uma infraestrutura de comunicação que permitisse integrar o território nacional. Essa infraestrutura foi construída na lógica do *broadcasting* e do sistema moderno de mídia. A expansão da televisão, liderada pela Rede Globo com apoio dos militares, cumpriu papel estratégico ao conectar o país com uma grade unificada de programação, reforçando a ideia de Brasil como unidade cultural e política. Esse projeto midiático foi central para a construção de um sentimento de pertencimento, funcionando como vetor de identidade nacional.[51]

Nesse contexto, é inevitável questionar se o atual regime comunicacional, marcado por segmentação, personalização extrema e esferas públicas fragmentadas, é, a longo prazo, compatível com a noção de "nação" como uma comunidade política coesa. A comunicação segmentada, ao fragmentar visões de mundo e experiências coletivas, pode com o tempo colocar em xeque a própria ideia de Estado-nação como forma organizadora da vida política. Quando diferentes grupos dentro de um mesmo território deixam de compartilhar referências simbólicas, narrativas comuns e noções mínimas de pertencimento, a ideia de um "nós nacional" se esvazia. Essa desintegração pode ter efeitos concretos sobre a governabilidade, a coesão institucional e até a integridade territorial, especialmente em países de dimensões continentais, como o Brasil. A pergunta que se impõe, portanto, é se a experiência nacional moderna, forjada por dispositivos comunicacionais de massa e visões unificadoras, consegue sobreviver a um ecossistema comunicativo baseado na lógica da segmentação.

3.4 Radicalização

Ao final de março de 2023, o jornal *O Globo* publicou uma reportagem com o seguinte título: "Ofensas, xingamentos e palavrões: a nova rotina do Congresso de olho nas

---

[51] PORTO, M. *Televisão e política no Brasil*: a TV Globo e a construção da hegemonia. Rio de Janeiro: Vozes, 2003.

redes sociais". A matéria trazia o subtítulo: "Nos últimos dois dias, tanto senadores quanto deputados travaram bate-bocas, com direito a menção a arma de fogo e registro de ocorrência em delegacia".[52]

Naquele mês, uma reunião da Comissão de Constituição e Justiça (CCJ) do Congresso Nacional, uma das mais nobres comissões da Casa, ganhou o noticiário pelo baixo nível do debate. Na ocasião, o deputado André Janones (Avante-MG) se referiu ao deputado Nikolas Ferreira (PL-MG) como "chupeta", em referência ao caso no qual o influenciador Felipe Neto havia chamado o político do Partido Liberal (PL) de "chupetinha de genocida". Para responder Janones, o deputado Alberto Fraga (PL-DF), em plena sessão da CCJ, afirmou: "Não uso chupeta, uso revólver, pistola". O PL fez representação no Conselho de Ética contra André Janones por fala homofóbica dirigida a Nikolas Ferreira e Janones prestou queixa por ameaça contra Alberto Fraga na Polícia Federal.[53]

---

52 POMPEU, L.; NIKLAS, J. Ofensas, xingamentos e palavrões: a nova rotina do Congresso de olho nas redes sociais. *O Globo*, Rio de Janeiro, 30 mar. 2023. Disponível online em: jun. 2025.

53 MARZULLO, L. "Fala, chupeta": deputado bolsonarista divulga vídeo em que Janones chama Nikolas Ferreira por apelido. *O Globo*, Rio de Janeiro, 29 mar. 2023. Disponível online em jun. 2025; MARZULLO, L. Janones presta queixa por ameaça contra deputado bolsonarista. *O Globo*, Rio de Janeiro, 29 mar. 2023. Disponível online em: jun. 2025; ALVES, F. Janones, Rosângela Moro e Eduardo Bolsonaro: quem estava na sessão com Dino quando Nikolas foi chamado de "chupetinha". *O Globo*, Rio de Janeiro, 29 mar. 2023. Disponível online em: jun. 2025; SABÓIA, G. PL representará no Conselho de Ética contra Janones por fala homofóbica contra Nikolas Ferreira. *O Globo*, Rio de Janeiro, 29 mar. 2023. Disponível online em: jun. 2025.

A radicalização da política é outra das consequências mais evidentes e preocupantes associadas ao desenvolvimento das mídias digitais. Se, como vimos, a segmentação fragmenta as audiências e multiplica as realidades construídas, a radicalização aprofunda essa fragmentação, intensificando antagonismos e corroendo os vínculos necessários à convivência democrática. Mais do que uma simples exacerbação do dissenso, a radicalização contemporânea resulta de um conjunto de dinâmicas interligadas, desde a transformação do sistema midiático, passando pela lógica econômica das plataformas, até as novas formas de organização da insatisfação social.

O primeiro ponto a se ter em mente é a redução contínua da moderação, típica do sistema moderno de mídia. Como vimos, toda a comunicação (inclusive a política) no sistema moderno, marcado pela lógica do *broadcasting*, tendia ao centro, de modo a cativar o maior número de pessoas com uma mesma mensagem. Nessa estrutura, discursos mais radicais ou agressivos estavam excluídos da esfera pública, sob o risco de escandalizar e gerar reações negativas contra o emissor.

Se esse sistema moderno pode ser considerado menos democrático do ponto de vista da liberdade e possibilidade de expressão e participação, ele também era bem mais moderado, no sentido de que jornalistas e políticos caminhavam sempre perto do centro. Não à toa, no auge desse momento, ganha importância o debate sobre a pouca diferenciação que havia entre os partidos Democrata e Republicano, nos Estados Unidos, e o baixo incentivo a votar. Em 1970, Ben Wattenberg e Richard M. Scammon publicaram *The real majority: an extraordinary examination of the American electorate*, argumentando que o eleitorado americano era majoritariamente centrista e que os partidos políticos, para serem viáveis, deveriam apelar para essa "maioria real". Essa análise sugeria que Democratas e Republicanos estavam se posicionando de maneira semelhante para atrair esse eleitorado centrista, resultando em uma percepção de pouca diferenciação entre os partidos.[54]

A convergência ideológica entre os partidos contribuiu para uma diminuição do entusiasmo dos eleitores, refletida em taxas de participação eleitoral relativamente baixas durante esse período. De acordo com dados históricos, a participação eleitoral nos Estados Unidos, que havia atingido cerca de 80% no século XIX, declinou significativamente ao longo do século XX, mantendo-se em torno de 50% a 60% nas décadas de 1970 e 1980. Esse declínio é atribuído, em parte, à percepção de que os partidos não ofereciam alternativas políticas suficientemente distintas para motivar os eleitores. Uma certa homogeneização moderada era a tônica do sistema moderno.

Isso vai mudar completamente com as mídias digitais. Como vimos, uma das consequências do desenvolvimento tecnológico da comunicação é a queda dos custos de produção da mensagem, como acontece com a produção de qualquer outro produto dependente de tecnologia. Com custos mais baixos, é possível trabalhar públicos menores e mais segmentados, sendo mais eficiente na produção do

---

54 WATTENBERG, B. J.; SCAMMON, R. M. *The real majority*: an extraordinary examination of the American electorate. Nova York: Coward-McCann, 1970.

efeito desejado com a mensagem. As mídias digitais não só possibilitam esse tipo de comunicação segmentada, como a própria materialidade do sistema digital é voltada para a segmentação. Como não admirar a eficiência de uma comunicação que pode ser produzida para um público-alvo específico tendo em mãos uma série de dados e informações sobre esse mesmo público, suas preferências, seus temas prioritários, seus posicionamentos políticos e tudo mais que esse mesmo público disponibiliza, voluntariamente, nas mídias sociais?

Radicais de direita e esquerda nunca deixaram de existir. Eles, antes, apenas tinham seu discurso político filtrado pela moderação do sistema moderno. Com a possibilidade de se produzir uma mensagem midiática de custo baixo, moldada para um público-alvo específico, a oferta de comunicação é pulverizada, inclusive a política, abrindo caminho viável para a disseminação de discursos mais radicais.

Ao mesmo tempo, a "economia da atenção" das mídias digitais favorece o radicalismo, como mesmo reconheceu Pablo Marçal na entrevista que deu para o *Roda Viva* durante sua campanha para a Prefeitura de São Paulo. Em um ambiente de enorme competição pela atenção, não será o discurso moderado e voltado para o centro que terá mais chance de sucesso. Ao contrário, o sistema tende a favorecer as mensagens menos comuns ou mais "autênticas", modificando, inclusive, a estética da política ou as imagens produzidas na comunicação política, em que os memes passam a ganhar enorme relevância.

Da mesma maneira, as mídias digitais acabam também reorganizando a insatisfação do público com a política e os políticos. Se, no sistema moderno, a insatisfação era dependente do jornalismo, hoje, a multiplicidade de meios e canais por onde trafega a informação e a desinformação política é capaz de incitar e organizar o descontentamento com muito mais facilidade. Antes, o jornalismo atuava como mediador essencial da insatisfação. Agora, as mídias sociais e plataformas digitais permitem que a insatisfação flua de maneira mais autônoma, descentralizada e contínua.

Essa nova organização da insatisfação pode ajudar a entender por que a aprovação dos presidentes tem se tornado mais baixa e instável. Pesquisas de opinião mostram que a insatisfação com os governos é uma tendência consolidada na América Latina, onde a maioria dos presidentes enfrenta dificuldade em manter altos índices de aprovação e, principalmente, se reeleger. Entre 2018 e 2023, ocorreram alternâncias de poder nas eleições presidenciais em Brasil, Colômbia, México, Uruguai, Argentina, Bolívia, Chile, Peru, Equador, Costa Rica, Guatemala, Honduras e El Salvador. Nos Estados Unidos, o fenômeno também se manifesta de forma evidente. Pela primeira vez na história moderna, os partidos Republicano e Democrata se alternaram em duas eleições seguidas, com os republicanos vencendo em 2016, com Donald Trump, perdendo em 2020, mas vencendo de novo em 2024.

Um debate recente surgiu no Brasil, com cientistas políticos tentando entender os baixos índices de aprovação do governo Lula. Pelo menos duas pesquisas importantes, Quaest e Datafolha, apresentaram índices de aprovação de 31%, em janeiro, e 24%, em fevereiro de 2025. Os números chamaram a atenção por terem sido medidos em um contexto de relativa normalidade, sem uma grande crise política ou econômica, de fato, acontecendo.

Historicamente, presidentes no Brasil e nos Estados Unidos terminavam seus mandatos com taxas de aprovação relativamente altas. Dwight D. Eisenhower (59%), Ronald Reagan (63%) e Bill Clinton (66%) deixaram o cargo com forte apoio popular. No Brasil, tanto FHC quanto Lula mantiveram aprovações acima de 40% durante suas campanhas de reeleição. Em contraste, os presidentes na era digital lutam para manter a confiança do público. Donald Trump (34%) e Joe Biden (40%) terminaram com taxas de aprovação historicamente baixas nos EUA, enquanto Jair Bolsonaro no Brasil mal alcançou 38% em seu ano de reeleição, com taxas de desaprovação ultrapassando 50%.

A ciência política tem interpretado este tipo de fenômeno a partir de uma transformação histórica e como algo "estrutural", não conjuntural.[55] No passado, o apoio político era, em geral, explicado por questões econômicas, isto é, benefícios sociais e aumento da renda eram imediatamente transformados em altos índices de aprovação. Um bom exemplo disso seria o programa Bolsa Família, lançado pelo governo Lula 1 em 2003 e que, sem dúvida, gerou frutos políticos ao PT.

No atual momento, as pesquisas apontam para uma perda da influência relativa da economia no comportamento eleitoral. Agora, ganham atenção também as ques-

---

55 NUNES, F. Queda da aprovação de Lula parece fenômeno estrutural, não de conjuntura. *Folha de S.Paulo*, São Paulo, 15 fev. 2025. Disponível online em: jun. 2025.

tões pós-materiais ligadas à cultura e às identidades. No Brasil, o crescimento do protestantismo religioso teria fortalecido a meritocracia e a responsabilidade individual, mudando a perspectiva sobre os bens econômicos gerados pelo governo. O que antes era visto com gratidão, agora passa a ser percebido como nada além de uma obrigação.

Do ponto de vista da comunicação política, podemos acrescentar outro elemento fundamental nessa equação: a transformação do ambiente midiático. A insatisfação sempre foi parte da democracia, mas sua organização e canalização se transformaram radicalmente com a ascensão da mídia digital, que não somente potencializa críticas e crises, mas também redefine o que significa governar sob constante escrutínio público, com impactos para a estabilidade democrática.

Uma forma de pensar a situação é pela ótica da oferta e da demanda, que se transformou com a mudança do sistema de mídia. No contexto anterior, a insatisfação com relação a governos e regimes, no plano da demanda, estava ancorada na produção de informação política por parte do jornalismo moderno, que buscava o centro, contemplando a maior parte possível do público com a mesma mensagem. Praticamente não havia oferta de comunicação política radical no ambiente midiático, caracterizado pela moderação.

Com a mudança sistêmica, a insatisfação, no lado da demanda, foi reorganizada, se tornou muito mais autônoma e descentralizada, com uma multiplicidade de fontes, inclusive políticos de oposição em campanha permanente, como faz o deputado Nikolas Ferreira (PL-MG) durante o governo Lula 3, por exemplo. Do lado da oferta, a multiplicação de atores e a possibilidade de comunicação mais segmentada e de nicho possibilitaram a oferta de comunicação política mais radical, que, dentro da materialidade digital, ganha impulso dos algoritmos na medida em que chama a atenção das pessoas em um contexto de acirrada competição pela atenção. Com isso, o encontro de uma demanda marcada por uma insatisfação mais constante e intensa com uma oferta muito maior de comunicação política radical tensiona as instituições e, fundamentalmente, a própria democracia.

É importante entender um fenômeno da comunicação que os especialistas chamam de "midiatização", quando as lógicas do ambiente midiático chegam ao mundo "real". Com base nessa ideia, a radicalização da comunicação política pode ser vista também como a radicalização da própria política, o que percebemos quando o comportamento dos parlamentares muda no Congresso Nacional, na medida em que os mesmos passam a atuar para as mídias sociais.

Não à toa, a política no Brasil pouco a pouco se radicalizou em paralelo ao desenvolvimento das mídias digitais no contexto da comunicação política brasileira. Como já vimos, as mídias sociais passaram a ser usadas em campanhas eleitorais em 2010, a partir da mudança na legislação eleitoral no ano anterior. De lá para cá, o país vivenciou as manifestações de 2013, o acirrado contexto eleitoral de 2014, o *impeachment* de Dilma Rousseff em 2016, a eleição de Jair Bolsonaro à Presidência da República em 2018 e os ataques à Praça dos Três Poderes no 8 de janeiro de 2023.

Alguns poderiam entender esse processo histórico como um aumento da "polarização". No entanto, a polarização *per se* não é algo negativo. A política nos Estados Unidos, por exemplo, sempre foi polarizada, entre democratas e republicanos, entre liberais e conservadores. No Brasil, PSDB e PT polarizaram a disputa pelo Planalto de 1994 a 2014. O que parece acontecer, de fato, tanto na política norte-americana como brasileira, é uma radicalização da polarização, o que especialistas passaram a chamar de "polarização afetiva", quando os lados começam a não aceitar, não só o posicionamento do outro, como a sua própria existência.

Em suma, no âmbito das mídias digitais, uma nova regra do jogo político traz à democracia novos elementos como a democratização, a segmentação, a desinformação e a radicalização. Lógicas inéditas do ponto de vista midiático que não somente atuam de forma isolada, mas também em relações entre si, quando, por exemplo, a desinformação ou a segmentação alimentam a radicalização e vice-versa, ou quando o efeito positivo da democratização da comunicação é capturado por uma lógica que prioriza o populismo ou o radicalismo, tensionando os aspectos do liberalismo democrático.

CONCLUSÃO

COMO PEIXES NA ÁGUA

Há uma frase, atribuída ao teórico da comunicação Marshall McLuhan, que afirma o seguinte: "Não sabemos quem descobriu a água, mas sabemos que não foi o peixe". McLuhan, de fato, nunca escreveu isso, mas a frase não é atribuída a ele à toa. Como alertou o teórico, vivemos há algum tempo completamente envoltos em um ambiente midiático. "A mídia é tão penetrante em suas consequências pessoais, políticas, econômicas, estéticas, psicológicas, morais, éticas e sociais que não deixa nenhuma parte de nós intocada, inalterada ou imune", escreveu o acadêmico canadense.[56] Nós, então, seríamos como peixes na água, pouco percebendo os efeitos da mídia sobre nós mesmos.

É importante dizer, este livro não tem a pretensão de dizer que fenômenos sociais complexos como a radicalização da política são causados pela mídia. No entanto, sugere, sim, que os fenômenos sociais contemporâneos, inclu-

---

56 MCLUHAN, M. *Os meios de comunicação como extensões do homem*. Tradução de Décio Pignatari. São Paulo: Cultrix, 1974.

sive políticos, se desenvolvem relacionados com a mídia e, por isso, sofrem também a sua influência.

Um estudo clássico feito nos Estados Unidos, por exemplo, analisou o impacto do telégrafo sobre a sociedade americana.[57] Ao romper a antiga dependência entre transporte e comunicação, o telégrafo permitiu que a informação circulasse de forma quase instantânea e independente do deslocamento físico de pessoas e objetos, como uma carroça ou embarcação carregando uma carta ou folhetim. Essa separação entre comunicação e transporte está relacionada com transformações estruturais na sociedade americana, alterando padrões econômicos, jornalísticos e ideológicos.

O telégrafo viabilizou a criação de uma economia nacional integrada, com mercados mais amplos e padronizados, especialmente no comércio e no mercado financeiro. Também transformou o jornalismo, favorecendo o surgimento de um estilo objetivo, direto e fragmentado, descolado de narrativas locais, como se vê na origem da Associated Press. No plano cultural, o telégrafo contribuiu para uma nova percepção do tempo e do espaço: eventos passaram a ser vividos simultaneamente por pessoas em diferentes regiões, estabelecendo um "tempo social" padronizado. Ao mesmo tempo, essa tecnologia favoreceu a emergência de uma ideologia da comunicação centrada na informação objetiva e utilitária, reduzindo o papel da linguagem como narrativa e enfraquecendo formas tradicionais de comunicação baseadas na oralidade e na proximidade.

---

57 CAREY, J. *Comunicação como cultura*: ensaios sobre mídia, tecnologia e sociedade. Organização de Arthur Ituassu, Everardo Rocha e Tatiana Siciliano. Rio de Janeiro: Editora PUC-Rio, 2022.

O estudo argumenta que o telégrafo não apenas inovou tecnicamente, mas reconfigurou o espaço público ao deslocar a vida política e cultural para um ambiente abstrato, fragmentado e nacionalizado. Suas consequências não foram neutras: moldaram uma nova forma de vida social mais racionalizada, eficiente e também mais distante, impessoal e tecnocrática. A padronização nacional do preço das *commodities* e a necessidade de uniformização nos horários dos trens são algumas das mudanças relacionadas com o surgimento do telégrafo nos Estados Unidos.

Nesse sentido, o entendimento sobre a transformação recente do ambiente midiático se torna fundamental. O século XXI tem sido o do desenvolvimento das mídias digitais. Neste exato momento, os holofotes estão sobre os novos potenciais da Inteligência Artificial (IA), inclusive para a comunicação política e eleitoral. Em meio a toda essa transformação, uma forma de entender o que está acontecendo é voltar um pouco na história e compreender o que tínhamos antes, de modo que seja possível identificar onde estão as mudanças e quais suas possíveis consequências.

Como vimos, o sistema moderno de mídia, dominante no século XX, foi estruturado em torno da lógica da comunicação de massa: poucos emissores centrais, como grandes redes de televisão, rádio e imprensa, transmitiam mensagens uniformes para um público amplo e indistinto. No Brasil, a televisão, especialmente a Rede Globo, alcançava audiências gigantescas e exercia enorme influência sobre a agenda pública e o enquadramento das notícias.

Nesse sistema, o jornalismo político atuava como guardião do portão (*gatekeeper*), decidindo quais temas seriam destacados e como esses temas seriam apresentados. A lógica majoritária incentivava a moderação do discurso, pois tanto veículos quanto políticos buscavam agradar ao maior número possível de eleitores com a mesma mensagem, evitando posições extremas que pudessem gerar rechaço.

A política, mediada pela televisão, assumia um caráter de espetáculo, criando o fenômeno do "cidadão no sofá": um eleitorado relativamente mais informado, mas também mais passivo. Embora o sistema oferecesse amplo acesso à informação, impunha limites à participação cidadã e favorecia campanhas caras, dependentes de alianças partidárias, tempo de televisão e recursos financeiros.

Além disso, o sistema moderno de mídia, especialmente na América Latina, refletia estruturas altamente concentradas e, muitas vezes, capturadas por interesses pouco republicanos. Em suma, o sistema moderno de mídia moldou uma política caracterizada por moderação, centralização e forte dependência das grandes redes, um cenário que começaria a ser profundamente transformado com o advento das mídias digitais e do sistema híbrido de mídia.

O novo sistema surge a partir da convergência entre as mídias tradicionais e as mídias digitais, criando um ecossistema comunicacional dinâmico, fluido e interdependente. Nele, o digital não substitui o tradicional, mas o reconfigura. Velhos e novos meios coexistem e se alimentam mutuamente, em um ambiente no qual atores políticos, jornalistas, plataformas e cidadãos disputam atenção, moldam narrativas e amplificam mensagens.

Diferentemente do modelo centralizado do sistema moderno, o sistema híbrido permite uma comunicação desintermediada e altamente segmentada. Atores políticos e movimentos aprendem a transitar entre diferentes plataformas, adaptando suas mensagens conforme o público e o contexto. Um mesmo discurso pode circular de forma institucional na televisão, ser polemizado no X, viralizar em forma humorística no TikTok e ganhar força emocional no WhatsApp.

O conceito de hibridismo estratégico ajuda a entender esse cenário: as campanhas e lideranças mais eficazes são aquelas que sabem articular as diferentes e variadas lógicas do sistema midiático contemporâneo. Nesse ambiente, a política se torna mais performativa, imediata e emocional, com uma circulação de informações em ritmos e formatos que desafiam os controles tradicionais.

No Brasil, como foi visto, a transição para o sistema híbrido se intensifica a partir de 2010, com a liberação, no ano anterior, do uso de mídias sociais em campanhas eleitorais. A eleição presidencial de 2018, com a vitória de Jair Bolsonaro, consolida esse novo paradigma: uma campanha digital, radical, emocional e híbrida, que operou majoritariamente fora das convenções tradicionais da política e da mídia.

De fato, o sistema híbrido de mídia redefine os termos da política contemporânea. Ele não elimina os meios tradicionais, mas reposiciona sua autoridade. Não determina automaticamente os rumos da democracia, mas abre um campo de disputas, em que tanto a participação cidadã quanto a radicalização e a desinformação encontram terreno fértil.

É nesse sentido que este livro sugere que a transformação do sistema de mídia trouxe um conjunto de novas regras ao jogo político, com impactos profundos sobre a democracia. Quatro consequências centrais se destacam: a democratização, a desinformação, a segmentação e a radicalização, dinâmicas que não atuam de forma isolada, mas se alimentam mutuamente.

No que concerne à democratização, as mídias digitais abriram novos canais de participação e expressão cidadã. No sistema híbrido, os cidadãos deixam de ser meros receptores e passam a ter voz ativa no debate público. Profissionais de campanha destacam que as redes sociais democratizam o acesso à informação, reduzem barreiras econômicas e viabilizam campanhas mais horizontais e diretas. No entanto, essa lógica de desintermediação também tensiona as bases do liberalismo democrático, fragilizando instituições mediadoras e favorecendo uma visão de democracia direta e plebiscitária, reforçando demasiadamente a noção de soberania popular e fortalecendo o populismo digital.

No campo da desinformação, as *fake news* se tornaram uma das facetas mais alarmantes do sistema híbrido de mídia. Plataformas digitais potencializam a criação e a disseminação de informações falsas, que alimentam a polarização, a intolerância e a degradação do debate público. No Brasil, especialmente via WhatsApp, a desinformação tem sido usada como estratégia deliberada em campanhas políticas, tentando deslegitimar fontes confiáveis e instituições democráticas, bem como comprometendo a capacidade coletiva de distinguir fatos de manipulações.

Além disso, a comunicação política contemporânea tornou-se profundamente segmentada. Algoritmos permitem personalizar mensagens para públicos específicos, criando realidades paralelas e dificultando a construção de um espaço público compartilhado. A segmentação aprofunda a fragmentação social, reforça identidades de grupo e fomenta a polarização afetiva, corroendo a tolerância civil e os vínculos democráticos.

Como se não bastasse, o sistema híbrido também favorece a radicalização da política. O antigo incentivo à moderação, típico do sistema moderno, foi substituído por um ambiente em que conteúdos radicais geram mais engajamento e visibilidade. Plataformas digitais promovem a lógica da economia da atenção, favorecendo mensagens extremas e polarizadoras. Isso reconfigura a oferta e a demanda da comunicação política, tornando a insatisfação mais intensa e a democracia mais instável.

Não à toa, a democracia global enfrenta hoje um cenário de recessão prolongada, marcado por retrocessos em direitos, participação, liberdades e representatividade. Segundo o *The global state of democracy report 2023*, desde 2017 o número de países com declínio na qualidade democrática supera, a cada ano, os que apresentam avanços, fenômeno que já dura seis anos consecutivos, o mais longo desde 1975.[58]

O relatório *Varieties of democracy*, também de 2023, aponta que mais de 70% da população mundial vive hoje em regimes autocráticos, um nível equivalente ao de 1986. Além disso, segundo o relatório, há hoje mais autocracias fechadas do que democracias liberais pela primeira vez em mais de duas décadas. A deterioração atinge inclusive democracias consolidadas, nas quais se observam aumentos de polarização, desinformação e enfraquecimento das instituições de

58 INTERNATIONAL IDEA (International Institute for Democracy and Electoral Assistance). *The global state of democracy 2023*: the new checks and balances. Estocolmo: International Idea, 2023. Disponível online em: jun. 2025.

controle.[59] O relatório do instituto Freedom House confirma esse cenário, indicando que 2022 foi o 17º ano consecutivo de declínio global da liberdade no mundo.[60]

Na América Latina, o Informe Latinobarómetro de 2021 já aponta sinais claros da crise democrática. Segundo o relatório, a região entrou em um período caracterizado pelo declínio do apoio popular às instituições democráticas, aumento da desconfiança na política e crescimento das atitudes autoritárias. O estudo destaca que, naquele momento, apenas 49% dos latino-americanos consideravam a democracia preferível a qualquer outro regime, uma queda expressiva em relação aos anos anteriores. Além disso, 27% declaravam indiferença quanto ao tipo de regime, enquanto 15% afirmavam que, em certas circunstâncias, um governo autoritário poderia ser preferível. O relatório mostra ainda um crescimento da rejeição a partidos políticos e à representação institucional, evidenciado pela alta taxa de descrédito nas elites políticas e governamentais.

Dois anos depois, o Latinobarómetro 2023 confirmou e aprofundou esse cenário de crise democrática. O relatório enfatizou que a região vive atualmente uma década de deterioração contínua da democracia, com a recessão expressa em baixo apoio ao regime democrático (apenas 48%), aumento da indiferença quanto ao tipo de regime

---

59 VARIETIES OF DEMOCRACY (V-DEM) INSTITUTE. *Democracy report 2023*: defiance in the face of autocratization. University of Gothenburg, V-Dem Institute, 2023. Disponível online em: jun. 2025.

60 FREEDOM HOUSE. *Freedom in the world 2022*: the global expansion of authoritarian rule. Washington, DC: Freedom House, 2022. Disponível online em: jun. 2025.

(28%) e crescimento das preferências autoritárias (17%). O estudo também destacou o colapso da imagem e da legitimidade dos partidos políticos e o esgotamento do desempenho dos governos, com uma profunda insatisfação popular alimentada por crises econômicas e políticas. Outro fator preocupante apontado foi o aumento da tolerância social a práticas autoritárias: por exemplo, 41% dos guatemaltecos e 33% dos mexicanos afirmaram em 2023 que, sob certas circunstâncias, um governo autoritário poderia ser preferível.

No Brasil, com dados de 2023, o Latinobarómetro mediu que a democracia conta com o apoio somente de 46% da população. O relatório destaca que esse número representa um aumento de seis pontos percentuais em relação a 2020, quando o apoio era de apenas 40%. Apesar dessa recuperação, o Brasil continua abaixo da maioria dos países da região em termos de apoio ao regime democrático.

Além disso, o relatório informa que 30% dos brasileiros demonstram indiferença quanto ao tipo de regime, ou seja, tanto faz se é um governo democrático ou não, enquanto 13% afirmaram que, em certas circunstâncias, um governo autoritário poderia ser preferível. O estudo classifica o Brasil como um caso de "democracia frágil que melhorou", mas alerta para a vulnerabilidade estrutural do sistema democrático brasileiro, com índices ainda baixos de confiança nas instituições e forte polarização política.

Ainda, o relatório Latinobarómetro de 2023 ressalta a fragilidade das elites políticas e a instabilidade dos governos ou regimes da região: desde o início da chamada "terceira onda democrática", 21 presidentes foram condenados por corrupção e 20 presidentes tiveram seus mandatos interrompidos antes do término legal. O populismo e os personalismos ganham espaço, em um contexto de atomização dos sistemas partidários e esgotamento da confiança nas instituições. O estudo conclui que a região segue vulnerável ao avanço de regimes não democráticos e ao enfraquecimento das normas e práticas democráticas, com cidadãos cada vez mais desiludidos com a democracia representativa.

Entre as causas estruturais da crise, destacam-se a erosão das instituições de controle e equilíbrio (*checks and balances*), o fortalecimento de executivos personalistas, a disseminação de desinformação e polarização política, que corroem a confiança pública e o espaço cívico, além da judicialização seletiva e os processos de repressão à sociedade civil em diversos países. Soma-se a isso a desigualdade persistente, que alimenta frustrações sociais e uma crescente demanda por soluções autoritárias imediatas. Em síntese, vivemos uma crise complexa, fluida e desigual: enquanto alguns países demonstram resiliência democrática, o padrão global é de estagnação ou retrocesso, com riscos crescentes para os princípios do liberalismo democrático e para a proteção dos direitos fundamentais.

Nos últimos anos, um fenômeno particularmente relevante na América Latina tem sido o avanço da direita radical digital, cuja ascensão está diretamente ligada às transformações do sistema híbrido de mídia. Como mostra um relatório recente sobre o tema,[61] figuras como Jair Bolsona-

---

[61] ITUASSU, A. et al. *The digital radical right in Latin America*: Bolsonaro, Bukele, Kast, Hernández, and Milei. Rio de Janeiro: PUC-Rio; University of Arizona, Center for Latin American Studies, 2025.

ro (Brasil), Nayib Bukele (El Salvador), José Antonio Kast (Chile), Rodolfo Hernández (Colômbia)[62] e Javier Milei (Argentina) representam uma nova geração de lideranças políticas profundamente enraizadas no ambiente digital.

Esses líderes compartilham características comuns: apresentam-se como *outsiders* ante as elites tradicionais, utilizam estratégias comunicacionais personalistas e exploram a lógica das plataformas digitais para construir capital político. A relação com o sistema híbrido é evidente: suas campanhas e governos operam por meio de uma combinação sofisticada de comunicação desintermediada, mobilização de redes de apoio digitalizadas e ataque constante às instituições liberais e aos mecanismos tradicionais de *accountability* democrática.

O caso brasileiro é emblemático nesse cenário: a trajetória de Bolsonaro exemplifica como uma liderança da direita radical pode não apenas emergir, mas também governar sustentada por ecossistemas digitais polarizados e em campanha permanente. Na América Latina, esse padrão se repete, com nuances nacionais, como no caso da reeleição autoritária de Bukele, em 2024, ou da campanha disruptiva de Milei, em 2023, fortemente ancorada no TikTok.

A ascensão da direita radical digital revela, portanto, uma faceta essencial da crise democrática na região: não apenas a erosão das instituições, mas a construção ativa de novos circuitos de poder simbólico e político nas plataformas digitais, com efeitos de longo prazo sobre a cultura democrática. Trata-se de um fenômeno que exige atenção renovada de pes-

[62] Falecido, por conta de um câncer, em setembro de 2024.

quisadores, da sociedade civil e das instituições democráticas, pois o futuro da democracia latino-americana será inseparável da dinâmica dessas novas direitas (e esquerdas) digitais.

Assim, vemos que o sistema híbrido de mídia não apenas afeta os meios de comunicação política, mas também está profundamente relacionado com as reconfigurações contemporâneas da democracia, as dinâmicas de representação e a própria reorganização da esfera pública. Diante dos desafios trazidos por esse sistema, o tema da regulação das plataformas digitais tornou-se um dos debates mais importantes e complexos da atualidade.

Em um ambiente midiático em constante transformação, somos todos, em alguma medida, como os peixes na água da metáfora atribuída a Marshall McLuhan: imersos em um sistema comunicacional cujos efeitos nem sempre conseguimos perceber plenamente. Este livro buscou justamente contribuir para essa percepção, ajudar a identificar as mudanças em curso e suas consequências para a política e a democracia. Não há respostas simples ou soluções definitivas. O sistema híbrido de mídia é, por natureza, dinâmico e aberto, um campo de disputas em que valores democráticos precisam ser continuamente defendidos e renovados. Reconhecer os riscos, mas também as possibilidades, é parte desse esforço. Que o conhecimento crítico sobre este novo ambiente nos ajude a construir, coletivamente, um espaço público mais justo, plural e democrático.

REFERÊNCIAS

ALCOTT, H.; GENTZKOW, M. Social media and fake news in the 2016 election. *Journal of Economic Perspectives*, v. 31, n. 2, p. 211-236, 2017.

ALVES, F. Janones, Rosângela Moro e Eduardo Bolsonaro: quem estava na sessão com Dino quando Nikolas foi chamado de 'chupetinha'. *O Globo*, Rio de Janeiro, 29 mar. 2023. Disponível online em jun. 2025.

ALVES, M. et al. *Aliciamento digital*: como funciona a indústria de cortes, a distribuição, as premiações e o recrutamento de um exército online atraído por promessas de ganhos financeiros às vésperas das eleições. Instituto Democracia em Xeque, 2024.

BENNETT, W. L.; LIVINGSTON, S. The disinformation order: disruptive communication and the decline of democratic institutions. *European Journal of Communication*, v. 33, n. 2, p. 122-139, 2018. DOI: https://doi.org/10.1177/0267323118760317.

BIMBER, B. Digital media in the Obama campaigns of 2008 and 2012: adaptation to the personalized political communication environment. *Journal of Information Technology & Politics*, v. 11, n. 2, p. 130-150, 2014. DOI: https://doi.org/10.1080/19331681.2014.895691.

CADWALLADR, C.; GRAHAM-HARRISON, E. Revealed: 50 million Facebook profiles harvested for Cambridge Analytica in major data breach. *The Guardian*, 17 mar. 2018.

CAREY, J. *Comunicação como cultura*: ensaios sobre mídia, tecnologia e sociedade. Organização de Arthur Ituassu, Everardo Rocha e Tatiana Siciliano. Rio de Janeiro: Editora PUC-Rio, 2022.

CHADWICK, A. *The hybrid media system*: politics and power. 2. ed. Oxford: Oxford University Press, 2017.

CHAGAS, V. WhatsApp and digital astroturfing: a social network analysis of Brazilian political discussion groups of Bolsonaro supporters. *International Journal of Communication*, v. 16, p. 2431-2455, 2022.

DELACAMPAGNE, C. *História da filosofia no século XX*. Rio de Janeiro: Jorge Zahar Editor, 1997.

DELANY, C. To help elect Trump, Brad Parscale automated Facebook best practices on a vast scale. *E-politics.com*, 11 out. 2017.

DOURADO, T. M. S. G. *Fake news na eleição presidencial de 2018 no Brasil*. Tese (doutorado) — Universidade Federal da Bahia, Salvador, 2020.

DRUCKMAN, J. N. The power of television images: the first Kennedy--Nixon debate revisited. *The Journal of Politics*, v. 65, n. 2, p. 559-571, 2003. DOI: https://doi.org/10.1111/1468-2508.t01-1-00015.

FOX, Z. The digital smackdown: Obama 2008 vs. Obama 2012. *Mashable*, 23 set. 2012.

FREEDOM HOUSE. *Freedom in the world 2022*: the global expansion of authoritarian rule. Washington, DC: Freedom House, 2022. Disponível online em jun. 2025.

GUERRERO, M. A.; MÁRQUEZ-RAMÍREZ, M. (Org.). *Media systems and communication policies in Latin America*. Basingstoke: Palgrave Macmillan, 2014. DOI: 10.1057/9781137409058.

HABERMAS, J. *Mudança estrutural da esfera pública*: investigações quanto a uma categoria da sociedade burguesa. Tradução de Flávio R. Kothe. Rio de Janeiro: Tempo Brasileiro, 1984.

HALL, S. *Cultura e representação*. Organização e revisão técnica de Arthur Ituassu; tradução de Daniel Miranda e William Oliveira. Rio de Janeiro: Apicuri; Editora PUC-Rio, 2016.

HOWARD, P.; LIN, F.; TUZOV, V. Computational propaganda: concepts, methods, and challenges. *Communication and the Public*, v. 8, n. 2, p. 47-53, 2023. DOI: https://doi.org/10.1177/20570473231185996.

HUGHES, S. *Newsrooms in conflict*: journalism and the democratization of Mexico. Pittsburgh: University of Pittsburgh Press, 2006.

INTELLIGENCE COMMUNITY ASSESSMENT. *Assessing Russian activities and intentions in recent US elections*. Office of the Director of National Intelligence, 2017.

INTERNATIONAL IDEA (International Institute for Democracy and Electoral Assistance). *The global state of democracy 2023*: the new checks and balances. Estocolmo: International Idea, 2023. Disponível online em jun. 2025.

ITUASSU, A. Epistemologia e jornalismo: a falência da objetividade. *Alceu*: Revista de Comunicação, Cultura e Política, v. 6, n. 11, p. 87-95, jul./dez. 2005.

____. Postmodern without modernization: ages, phases, and stages of political communication and digital campaigns in Brazil (2010-2020). *International Journal of Communication*, [S.l.], v. 17, p. 21, p. 3133-3153, abr. 2023.

____. Como a mídia digital está (também) redefinindo a aprovação de Lula. *Correio Braziliense*, Brasília, 18 fev. 2025. Disponível online em jun. 2025.

____ et al. Comunicación política, elecciones y democracia: las campañas de Donald Trump y Jair Bolsonaro. *Perspectivas de la Comunicación*, v. 12, n. 2, pp. 11-37, 2019. DOI: https://doi.org/10.4067/S0718-48672019000200011.

____ et al. Mídias digitais, eleições e democracia no Brasil: uma abordagem qualitativa para o estudo de percepções de profissionais de campanha. *Dados*, v. 66, n. 2, e20210063, 2023. DOI: https://doi.org/10.1590/dados.2023.66.2.294.

____ et al. *The digital radical right in Latin America*: Bolsonaro, Bukele, Kast, Hernández, and Milei. Rio de Janeiro: PUC-Rio; University of Arizona, Center for Latin American Studies, 2025.

LIPPMANN, W. *Opinião pública*. Tradução de Jacques A. Wainberg. 2. ed. Petrópolis: Vozes, 2010.

MAGLEBY, D. B. (Ed.). *Financing the 2012 election*. Washington, DC: Brookings Institution Press, 2013.

MARTÍNEZ, E. G. El Gran Hermano revolucionario triunfa en Venezuela. In: WESEMANN, K. (Ed.). *Nuevas campañas electorales en América Latina*. Montevidéu: Fundación Konrad Adenauer, 2018. p. 21-40.

MARZULLO, L. 'Fala, chupeta': deputado bolsonarista divulga vídeo em que Janones chama Nikolas Ferreira por apelido. *O Globo*, Rio de Janeiro, 29 mar. 2023a. Disponível online em jun. 2025.

____. Janones presta queixa por ameaça contra deputado bolsonarista. *O Globo*, Rio de Janeiro, 29 mar. 2023b. Disponível online em jun. 2025.

MCLUHAN, M. *Os meios de comunicação como extensões do homem*. Tradução de Décio Pignatari. São Paulo: Cultrix, 1974.

NUNES, F. Queda da aprovação de Lula parece fenômeno estrutural, não de conjuntura. *Folha de S.Paulo*, São Paulo, 15 fev. 2025. Disponível online em jun. 2025.

PARISER, E. *The filter bubble*: what the Internet is hiding from you. Nova York: Penguin Press, 2011.

PERSILY, N. Can democracy survive the internet? *Journal of Democracy*, v. 28, n. 2, p. 63-76, 2017.

PIAIA, V.; ALVES, M. Abrindo a caixa preta: Análise exploratória da rede bolsonarista no WhatsApp. *Intercom*, v. 43, n. 3, p. 135-154, 2020. DOI:10.1590/1809-5844202037.

POMPEU, L.; NIKLAS, J. Ofensas, xingamentos e palavrões: a nova rotina do Congresso de olho nas redes sociais. *O Globo*, Rio de Janeiro, 30 mar. 2023. Disponível online em jun. 2025.

PORTO, M. *Televisão e política no Brasil*: a TV Globo e a construção da hegemonia. Rio de Janeiro: Vozes, 2003.

RUEDIGER, M. A.; GRASSI, A. Redes sociais nas eleições 2018. *Policy Paper*, Fundação Getúlio Vargas, Diretoria de Análise de Políticas Públicas, 2018.

SABÓIA, G. PL representará no Conselho de Ética contra Janones por fala homofóbica contra Nikolas Ferreira. *O Globo*, Rio de Janeiro, 29 mar. 2023. Disponível online em jun. 2025.

STATISTA. *Countries with the largest number of prisoners per 100,000 of the national population, as of February 2025*. fev. 2025. Disponível online em ago. 2025.

VARIETIES OF DEMOCRACY (V-DEM) INSTITUTE. *Democracy report 2023*: defiance in the face of autocratization. University of Gothenburg, V-Dem Institute, 2023. Disponível online em jun. 2025.

WATTENBERG, B. J.; SCAMMON, R. M. *The real majority*: an extraordinary examination of the American electorate. Nova York: Coward-McCann, 1970.

WILLIAMS, C. B.; GULATI, G. J. Digital advertising expenditures in the 2016 presidential election. *Social Science Computer Review*, v. 36, n. 4, p. 406-421, 2018. DOI: https://doi.org/10.1177/0894439317726751.

WOOLLEY, S. C.; GUILBEAULT, D. United States: manufacturing consensus online. In: WOOLLEY, S. C.; HOWARD, P. N. (Ed.) *Computational propaganda*: political parties, politicians, and political manipulation on social media. Oxford, Oxford University Press, 2019.

____; HOWARD, P. N. (Ed.). *Computational propaganda*: political parties, politicians, and political manipulation on social media. Oxford, Oxford University Press, 2018.

SOBRE O AUTOR

Professor Associado da Pontifícia Universidade Católica do Rio de Janeiro. Professor visitante no Centro de Estudos Latino-Americanos da Universidade do Arizona. Pesquisador associado ao Instituto Nacional de Ciência e Tecnologia em Democracia Digital. Membro do Conselho do Instituto Democracia em Xeque. Doutor em relações internacionais, foi presidente da Associação Brasileira de Pesquisadores em Comunicação e Política.

Este livro foi impresso nas oficinas gráficas da Editora Vozes Ltda.,
Rua Frei Luís, 100 – Petrópolis, RJ.